Budzinski · *Darf ich das mitschreiben?*

Klaus Budzinski

Darf ich das mitschreiben?

Kurze Begegnungen mit großen Leuten

Diederichs

Für Maggie

Die Deutsche Bibliothek – CIP-Einheitsaufnahme
Darf ich das mitschreiben? : kurze Begegnungen mit großen Leuten / Klaus Budzinski. – München : Diederichs, 1997
ISBN 3-424-01362-5
NE: Budzinski, Klaus

Lektorat: Hans Dollinger, Wörthsee
Umschlaggestaltung: Ute Dissmann, München, unter Verwendung eines Fotos von Rudolf Busler, München
Produktion: Tillmann Roeder, München
Satz und Reproduktion: SatzTeam Berger, Ellenberg
Druck und Bindung: Huber, Dießen
Printed in Germany

ISBN 3-424-01362-5

Inhalt

CHARAKTERZÜGE – BLITZLICHTERHELLT

BEGEGNUNGEN

Als sie wiederkamen...

Anstatt eines Vorworts

Unsicher, nicht ganz begreifen könnend die einen, andere in gespielter Forschheit, betraten sie den heimischen Boden, schlurften über ihn, stapften über ihn. Was wird werden? Wir werden das Kind schon schaukeln! Erneuter Anlauf – wird er gelingen? Wäre ja gelacht, wenn nicht! Wer weiß! Das große Vergessen. Die unbändige Neugier. Na, denn. Frechheit siegt. Freiheit siegt. Was bleibt uns übrig? Ist schließlich unser Land, ist unsere Sprache – ja, auch unser Publikum. Auch wenn es zwölf Jahre mitgegrölt hat, mitmarschiert ist, die Augen fest geschlossen? Was soll's!

Sie kamen zurück, Ende der vierziger Jahre die Unbesorgten, vom Heimweh Gequälten; Anfang der fünfziger Jahre dann die Vorsichtigen, von der Entwicklung Beruhigten, vom anlaufenden Wirtschaftswunder Gelockten. Alle waren sie in den Fünfzigern – also noch in den, zwar auslaufenden, »besten Jahren«, aber immerhin. Und wohlwollende Feuilletons, besetzt mit Freunden ihrer Literatur, ihrer Kunst, nahmen sich ihrer an. Und da die meisten nicht ins unsichere Berlin zurückstrebten, sondern ihre – wie sie meinten: vorläufigen – Zelte in München aufschlagen wollten, wurde ein junger Reporter losgeschickt, sie zu interviewen.

Dieser Reporter war ich, 27 Jahre alt, Redakteur im Feuilleton der *Abendzeitung*, gebürtig aus Berlin und einigermaßen bewandert in Leben und Wirken der Auszufragenden (zu denen noch die nichtdeutschen Gäste aus dem europäischen und amerikanischen Ausland kamen): Thomas Mann, Bertolt Brecht, Carl Zuckmayer, zudem John

Steinbeck und William Faulkner – die Heroen der Literatur? Tilla Durieux, Therese Giehse, Fritz Kortner, Gustaf Gründgens und Michel Simon – die Heroinen und Heroen von Bühne und Film? Und Friedrich Hollaender, Werner Richard Heymann, Robert Stolz, Oscar Straus und Emmerich Kálmán – die Heroen der im Musenalmanach der alten Griechen nicht vorgesehenen leichten Muse?

Mit ihnen allen und noch vielen anderen, die an diesem Jahrhundertende hundert Jahre alt geworden wären, durfte ich, mehr oder weniger intensiv, sprechen; das heißt: sie zum Selbersprechen animieren, um zu erfahren, was ein Boulevardblatt so gebrauchen kann – und das ist selten das Wesentliche.

Die meisten Texte dieser Interviews habe ich vergessen und die aufbewahrten nur als Gedankenstütze benutzt. Das Wesentliche – das, was mir heute nach vier Jahrzehnten als wesentlich erscheint – habe ich aufgeschrieben: die Begegnung eines Hiergebliebenen mit den Menschen, die hinter der Heroenfassade steckten, hinter ihren Schrullen, ihrem Galgenhumor, ja auch manchmal ihrer Hilflosigkeit und kaum verhüllten Melancholie, die nicht von ihnen weichen wollte, konnten sie den vergangenen Ruhm auch erneuern und sogar noch steigern.

Von diesen Begegnungen berichtet dieses Buch.

München, im Januar 1997 *Klaus Budzinski*

INTERVIEWS

»Es geht um einen jungen Hochstapler«
THOMAS MANN

31. Juli 1951. Eine Bullenhitze lastet auf München. Urlaubszeit, Theaterferien. Nein, die beginnen erst morgen. Kleine Ruhepause. Schon will ich die Redaktion verlassen, da winkt mich die Leiterin unseres Feuilletons, Fräulein Dorothea Federschmidt, zurück. (Auf das »Fräulein« legt sie Wert.)

»Gerade ruft das Residenztheater an: Thomas Mann ist heute abend in der Vorstellung. Da müssen Sie hin. Fragen Sie ihn in der Pause aus. Morgen muß es unbedingt im Blatt stehen.«

Das ist natürlich ein Happen. Aber, so frage ich mich, warum geht der 76jährige ausgerechnet am heißesten Tag des Jahres ausgerechnet in eine mäßige Aufführung von Goethes »Egmont« und dazu ausgerechnet ins neu verschandelte Residenztheater?

Seine Sorge. Ich werfe mich in Schale, hole mir an der Kasse die Pressekarte und betrete die goldverschnürte, neonbeleuchtete architektonische Mißgeburt. Suche mit den Augen die Parkettreihen ab, doch kein abgeflachter Hinterkopf, keine winkelig vorstoßende Nase ist da zu sehen. Vielleicht auf dem Rang?

Ich gehe hinauf, denn da ist ohnehin mein Platz, aber schon wird es dunkel. Die Vorstellung beginnt. Werner Hinz müht sich in einer reichlich uninspirierten Inszenierung rechtschaffen ab. Nach vier Stunden ist Pause. (Ich sehe auf die Uhr: tatsächlich sind es erst eineinhalb Stunden.) Wie es hell wird, sehe ich IHN aus der Rangloge kommen, an der Seite seiner Frau.

Jetzt müßte eigentlich der Fotograf zur Stelle sein. Ich bin ein junger Reporter, habe von Thomas Mann den »Zauberberg« gelesen, sogar bei der Kur in Davos, sonst nichts. Während ich mich an den großen Mann heranpirsche, nervös ob der ungewöhnlichen Situation und dem Ausbleiben des Fotografen, überlege ich, ob ich ihn wirklich mit »Herr Mann« ansprechen soll. Klingt dumm, aber stimmt. (Ein Wiener Reporter würde schamlos »Herr Doktor« sagen, aber das wäre uns Norddeutschen peinlich.)

Auf dem Absatz an der Tür kriege ich ihn zu fassen: »Entschuldigen Sie bitte, ich komme von der *Abendzeitung*, darf ich Sie kurz interviewen? Es dauert auch nicht lange.«

Thomas Mann schaut mir freundlich ins Gesicht, versichert sich mit einem kurzen Seitenblick bei seiner Frau, ob er die Pause mit mir verplempern soll. Sie nickt, und er sagt: »Nun denn, was möchten Sie wissen?«

Nun denn, ich möchte wissen, was er in München vorhat, jetzt, zwei Jahre nach seiner großen Rede über Deutschland und die Demokratie im Bayerischen Wirtschaftsministerium, die ich, wie ich ihm zu versichern nicht unterlasse, mit großer Bewegung mit angehört habe. Und halt, was er sonst noch zu berichten weiß. (Andernfalls werde ich ihm schon die Würmer aus der Nase ziehen, man wird langsam abgebrüht in dem Beruf. Aber schließlich muß morgen alles im Blatt stehen mit Balkenüberschrift und Foto. Verdammt, wo bleibt der Fotograf?)

Er sei ganz privat hier, entgegnet Thomas Mann. Findet anerkennende Worte für den Wiederaufbau der Stadt. Nein, seine einstige Villa in der Poschinger Straße in Bogenhausen wolle er nicht wieder beziehen, es lebe sich doch recht heimelig in Kilchberg bei Zürich.

Die Pause ist fast halb um. Das Gespräch droht, kaum, daß es angefangen, ins Stocken zu geraten. Jetzt heißt es, den entscheidenden Schlag führen. »Und was sind Ihre Pläne?«

In diesem unpassenden Moment kommt der Fotograf. »Darf mein Kollege ein paar Fotos machen?« Mit einer einladenden Handbewegung bescheidet der Dichter die Frage positiv.

»Ich habe«, knüpft Thomas Mann an meine Frage an, »ich habe mich jüngst an die Vollendung eines Manuskripts gemacht, das ich vor dreißig Jahren abgebrochen habe. Und denken Sie«, fügt er hinzu, wohl eingedenk des Umstandes, daß er den Reporter eines Boulevardblattes in Lauerstellung auf den unvermeidlichen Gag vor sich hat, »ich habe das Werkchen auf demselben Kanzleipapier der Firma Finkenzeller am Dom fortgesetzt, auf dem ich es anno 1921 unterbrochen habe.«

Seine Stimme schwingt dabei im wohlbekannten Mann'schen Singsang scharf akzentuiert auf die Pointe zu.

»Das ist ja interessant«, sage ich dumm und notiere die Tatsache auf meinem Schreibblock. »Und wovon handelt das Werk?«

»Nun, es geht darin um einen jungen Hochstapler, der sich durch die Unbilden von Welt und Zeit zu schlagen sucht. Ein Schelmenroman sozusagen.«

›Ein Schelmenroman‹, kritzele ich. »Und wie soll dieser Roman heißen?«

»›Die Bekenntnisse des Hochstaplers Felix Krull.‹«

Ich notiere. Bei dem Familiennamen stocke ich. »Würden Sie bitte den Namen buchstabieren?«

»Krull – K – r – u – l – l«, buchstabiert der Dichter, ganz ohne die zu erwartende Ironie.

Der Autor im Gespräch mit Thomas und Katia Mann im Münchner Residenztheater am 31. Juli 1951.

Es bleiben uns noch fünf Minuten Pause. Um dem Gespräch wieder aufzuhelfen, fällt mir ein, daß er vor zwei Jahren auf Goethes Spuren nicht nur in Frankfurt, sondern auch in Weimar war. In welchem Zustand er Goethes Hinterlassenschaft dort vorgefunden habe, frage ich ihn.

Und der große Mann beginnt zu plaudern. Besonders habe es ihn erstaunt – und natürlich auch gefreut –, »mit welcher Akribie die Russen die historischen Stätten instand gesetzt« hätten. Ich höre das Wort »Akribie« zum erstenmal gesprochen, noch dazu von einem, der es sich hörbar auf der Zunge zergehen läßt. Und da er schon mal im Plaudern ist, erzählt er ganz ungefragt und ohne weiteren Bedacht auf druckreife Formulierungen von seinem Haus im kalifornischen Santa Monica, wo es tagsüber vor Hitze fast nicht auszuhalten ist, des Nachts aber eine eisige Kälte Einzug halte. In Kilchberg dagegen sei das

Klima gemäßigter. Und man wohne schließlich auch etwas näher zu Deutschland.

Bei aller Distanz und behutsamen Höflichkeit besticht mich die menschliche Wärme, mit der er, unverstellt durch reichlichen Jahrhundertlorbeer, einem kleinen Lokalreporter Auskunft gibt und die Peinlichkeit der restlichen Pausendauer durch eine kleine Konversation zu überbrücken weiß. Oder tut er es im Bewußtsein, daß so ein Boulevardblatt die große Literatur weniger interessiert als der vielberufene »human touch«?

Die Pausenklingel schrillt zum drittenmal. Ich bedanke mich artig für das Gespräch, bei beiden, denn Frau Katia hat, als es ums Häusliche ging, ein wenig korrigierend eingegriffen. Der Fotograf verstaut seine Kamera, grüßt und geht. Ich will mißmutig zurück auf meinen Platz, da fällt mir zum Glück ein, daß das Interview »morgen unbedingt im Blatt stehen« muß.

»Freund, keinen Abschied«, sagt Egmont, wie ich mich von der Schullektüre her erinnere, gegen Schluß. Ich nehme an, er wird mir nicht böse sein, daß auch ich mich ohne Abschied schnell verdrücke. In Thomas Manns Tagebüchern lese ich später unter dem 2. 8. 1951 den Eintrag: »... München sonderbarer Traum, selbstverständlich und fremd. ... Verbrachten den nächsten Tag in der Stadt, fuhren durch Schwabing, Bogenhausen, Herzogpark. Sahen das zerstörte, entstellte Haus. Waren abends in dem häßlichen neuen ›Residenztheater‹ und sahen mäßige Aufführung von ›Egmont‹. Photograph und Journalist...«

Mein längstes Interview
Erik Charell

Der Chefredakteur schlug mit der flachen Hand auf den Tisch:

»Ich möchte bloß mal wissen, wann ich endlich von Ihnen das Interview mit Erik Charell bekomme!«

Ich auch, hätte ich ihm geantwortet, wäre er weniger aufgebracht gewesen.

So aber versprach ich ihm, meine für den Nachmittag geplante dritte Sitzung würde die letzte sein. Morgen würde er das Interview bekommen.

Eine Woche zuvor war ich voller Ehrfurcht vor dem großen Magier der deutschen Revue-Operette ins Hotel »Vier Jahreszeiten« gepilgert. Der gepflegte Mittfünziger mit dem blauschwarz gefärbten Haar und den starken Vertikalfalten um Nase und Mund empfing mich mit grandseigneuraler Wärme.

»Nehmen Sie doch Platz, Lieber.«

Ich setzte mich gegenüber dem ausladenden Doppelbett an ein kleines Tischchen.

Ich wußte, daß er 1930 das »Weiße Rößl«, als Revue aufgepeppt, zum Welterfolg geführt und mit ihm in Europa und Amerika Hitler und den Zweiten Weltkrieg überlebt hatte, gemeinsam mit den (freilich des öfteren ausgewechselten) sechs oberbayerischen Schuhplattlerbuam. In der Verwandtschaft hatte man von dem erlesenen Geschmack seiner Inszenierungen geschwärmt, von seiner pikanten »Lustigen Witwe« mit der Fritzi Massary, seinen »Drei Musketieren«, seiner Entdeckung Marlene Dietrich für die Revue »Von Mund zu Mund«.

Nun war der große Meister nach München gekommen, um ein neues Werk vorzustellen, sein »Feuerwerk«.

»Was trinken Sie?« fragte Charell.

»Nichts, danke.«

»Oder darf ich Ihnen eine Kleinigkeit zu essen bestellen?«

Rührend, wie er sich um mein leibliches Wohl sorgte.

»Vielleicht später.«

»Aber gern, Lieber.«

Warum sagte er immer »Lieber« zu mir?

Und warum behauptete er, sein Vater sei Amerikaner gewesen, wo ich doch von meiner Mutter wußte, daß er auf den guten deutsch-jüdischen Namen Erich Löwenberg ins Geburtsregister der Stadt Breslau eingetragen war? Seine Behauptung, im Jahre 1900 geboren zu sein, schluckte ich ahnungslos. Wunderte mich allenfalls, von ihm zu hören, daß er demnach schon mit 24 Jahren von Max Reinhardt dessen »Großes Schauspielhaus« übernommen hatte und fortan mit seinen Revuen aus der Pleite zog. (Später entnahm ich dem Lexikon, daß er 1894 geboren war.)

Während er mir chronologisch, mit vielerlei Abschweifungen, den Gang seines Lebens und seiner Inszenierungen erzählte, trat ein athletisch gebauter jüngerer Mann ins Zimmer und erinnerte ihn an einen näherrückenden Termin.

»Leider, leider müssen wir für heute Schluß machen, Lieber«, bedauerte Charell und machte mich mit dem Mahner bekannt: »Herr X., mein Sekretär – Herr Budzinski, der reizende Herr von der *Abendzeitung.*«

Wir gingen mit einer Verabredung für den darauffolgenden Tag auseinander.

Erik Charell begrüßt den Autor bei dem Geburtstagsempfang für die achtzigjährige Fritzi Massary am 21. März 1962 im Münchner Hotel »Vier Jahreszeiten«.

»Wissen Sie, wie ich auf das ›Weiße Rößl‹ gekommen bin?« sagte er anderntags, als ich mich wieder in seinem Hotelzimmer eingefunden hatte.

»Nein – erzählen Sie!«

Und er erzählte: Wie er Ende der zwanziger Jahre den großen Schauspieler Emil Jannings in seinem Haus am Wolfgangsee besuchte, wie sie ins dortige »Weiße Rößl« essen gingen und Jannings den Kellner fragte: »Ham Se keene jrienen Aale?« und wie der geantwortet hatte: »Bedaure, der Herr« und wie Jannings daraufhin seufzte: »Mensch, wär' ick doch lieber nach Aalbeck jefahren.«

Den erstaunten Charell hatte Jannings dann aufgeklärt, daß er dieses Spielchen immer wieder mit dem Kellner spielte, denn es sei ein Dialog aus einem längst vergessenen Schwank mit dem Titel »Im Weißen Rößl«, den er, Jannings, noch auf der Schmierenbühne gespielt habe.

»Jannings erzählte mir den Inhalt, und plötzlich sah ich, beschwingt von der hochsommerlichen Ferienstimmung der Lokalität, im Geiste eine Revue-Operette für das sommerfrischensüchtige Berlin vor mir. Sofort ließ ich mir vom Verlag Felix Bloch Erben ein Exemplar des Schwanks kommen, las es und trommelte alle erreichbaren Operettenkomponisten zusammen – Robert Stolz und Ralph Benatzky und Bruno Granichstaedten, dazu als Songautor den jungen Robert Gilbert. Und in wenigen Wochen war die Operette fertig.«

Sie sollte ihm Leben und Existenz retten.

»Noch heute wird die ›Auberge Blanche‹ im Pariser Théâtre Châtelet gespielt, läuft die ›White Horse Inn‹ in England und Amerika.«

Und als seinerzeit die Operette in Anwesenheit des englischen Königspaares im Londoner »Coliseum« lief, hätten sich beim Auftreten des Kaisers Franz Joseph (einer dramaturgischen Zutat von Charell persönlich) zu

Ehren des Bühnenmonarchen die Mitglieder der High Society im Parkett erhoben.

Ich sah auf die Uhr. Schon wieder über eine Stunde vergangen. »Es tut mir leid, Herr Charell, ich muß noch zu einem anderen Termin.«

»Aber Sie wollten doch noch etwas über mein ›Feuerwerk‹ wissen.«

»Darf ich dafür noch einmal wiederkommen?«

»Aber selbstverständlich, Lieber. Sie sind stets und ständig bei mir willkommen.«

Nun also fand ich mich nach dem Krach mit meinem Chefredakteur zum drittenmal bei Charell ein.

»Ja, das ›Feuerwerk‹«, fing er an. »Denken Sie, als ich in Zürich das Lustspiel ›Der schwarze Hecht‹ sah, ging es mir genau wie damals nach der Lektüre des Schwanks vom ›Weißen Rößl‹. Plötzlich erstand vor meinem inneren Auge die Geschichte von dem Einbruch des schwarzen Schafs der Familie, der Zirkusdirektor geworden war, in das heimische Spießeridyll als phantastisches Gemisch von Musik, Chanson, Zirkusluft und romantischer Sehnsucht. Und da schrieb ich es um und ließ es von Paul Burkhard komponieren, und nächste Woche hat es – toi, toi, toi – am Münchner ›Gärtnerplatztheater‹ Premiere.«

»Vielen Dank, Herr Charell. Das wär's. Und auch von mir ein herzliches Toi-toi-toi!«

Schon wollte ich meinen Mantel anziehen, da hielt er mich zurück. »Sagen Sie, Lieber, was wollen Sie eigentlich bei der Zeitung?«

»Warum?«

»Ich meine, ein Mensch mit soviel Talent und internationalem Flair wie Sie. Kommen Sie mit mir nach Paris, und die Welt steht Ihnen offen.«

Ich hatte immer noch nicht kapiert.

»Ich bin aber gerne Journalist in München.«

Charell lächelte unter Schmerzen. Er gab mir seine weiche Hand und sagte: »Kommen Sie zu mir, wann immer Sie wollen.«

Mit einem »Na, endlich« riß mir der Chefredakteur das getippte Interview aus der Hand.

Eigentlich wäre ich ja gern nach Paris gegangen. Zumal, als ich später hörte, daß Charells »Sekretär« inzwischen geheiratet hatte.

Mein kürzestes Interview
Zarah Leander

Von der Fama hatte ich zugeflüstert bekommen, daß am Nachmittag des 13. April 1950 Zarah Leander im »Bayerischen Hof« eintreffen würde. Der bot damals, noch halb zerschossen, den Vorzug eines Ganges, durch den jeder Gast von der Halle zum Aufzug gehen mußte. Also bezog ich dort Posten. Endlich kam sie hindurchgerauscht, ausladend wie ein überlebensgroßer Barockengel, mit Bullaugenbrille und sorgfältig gesträubten Kupferhaaren.

Mir war, als furchte den engen Kanal eine Fregatte mit dreitausend Tonnen Wasserverdrängung.

Folglich zwängte ich mich ins schützende Kielwasser und bat die Diva von hinten um einige erhellende Worte über ihr Woher und Wohin. Sie sah sich um, musterte mich streng und sagte: »Sie müssen warrrten!«

Ihr Manager erklärte mir, gnädige Frau seien müde, und vertröstete mich auf den anderen Tag.

»Aber es muß noch heute ins Blatt!«

»Tut mir leid.« Und weg war er.

Mir blieb weiter nichts als die Schilderung dieses Abgeschmettertwerdens, der ich die Überschrift »No, Sir!« gab, ein Zitat aus einem ihrer »gewagten« Songs.

Die eigentliche Meldung bestand in einem sechszeiligen Anhang eines Kollegen, wonach Zarah Leander »trotz großer Übermüdung« zu den Abendvorstellungen ihres Films »Gabriela« in zwei Münchner Kinos erschienen war.

Am nächsten Mittag reiste sie bereits wieder ab. Was brauchte sie da auch eine unbezahlte Pressewerbung?

Nach dem Weißwurstessen
Bertolt Brecht

Der kleine Mann am Bühneneingang der Münchner Kammerspiele in der Falckenbergstraße wirkt in seinem hochgeknöpften Werkmannskittel so unscheinbar, daß er selbst dem Pförtner nicht aufzufallen scheint. Jedenfalls steht er da, in eine Ecke gedrückt, und wartet.

»Brecht«, stellt er sich vor, als ich mich ihm vorstelle, und macht den Anflug eines Dieners.

Es hatte den Kammerspiel-Intendanten Schweikart viel Überredung gekostet, den Dramatiker zu einem Interview zu bewegen. Ich sei vertrauenswürdig, kein Kommunistenfresser, kein Revolverjournalist, sondern um Seriosität zumindest bemüht. Also hatte sich der Autor, der zu den letzten Proben seines »Guten Menschen von Sezuan« in Schweikarts Regie nach München gekommen war, bereit gefunden, in einer Probenpause meine Fragen zu beantworten.

»Warten Sie bis nach Tisch«, hatte mir Schweikart empfohlen. »Er geht erst immer ins Hofbräuhaus zum Weißwurstessen. Um zwei, sagte er mir, wird er am Bühneneingang sein. Und hoffentlich gesättigt und guter Laune.«

Ob er den »Guten Menschen« denn auch in seinem Berliner Ensemble herausbringen würde?

»Nein«, verblüfft er den Fragesteller und begründet die Abstinenz mit dem Mangel an der passenden Besetzung. »Das Stück kommt aber im Herbst in Rostock heraus.«

Brechts Pokerface verrät nicht, mit welchen Gefühlen er dieser Inszenierung entgegenblickt.

(Das erinnert mich an eine Bemerkung, die mir ein Jahr zuvor in der Dramaturgie des Berliner Ensembles zuteil wurde, als ich die Absicht äußerte, das Theaterleben in der gesamten DDR abzugrasen: »Das beste Theater in der DDR sind wir. Alles andere können sie sich schenken.«)

»Wenn ich die Besetzung zusammenbekomme«, fährt er fort, »inszeniere ich in der kommenden Spielzeit meinen ›Galilei‹.« Er hoffe, für die Titelrolle einen polnischen Schauspieler zu bekommen, was nicht so leicht sein werde, da sich der Betreffende für mindestens ein halbes Jahr würde verpflichten müssen. (Er sollte den Besten der Besten bekommen, Ernst Busch; der brach aber auf einer der ersten Proben zusammen und starb wenig später.)

Ob er, wie die Presse gemeldet hat, ein Drama über Albert Einstein plane. Brecht bleibt vage: »Gewiß, ich habe Einstein immer bewundert und sammle auch Material über ihn und sein Schicksal. Aber wie ich das verarbeite und ob ein Drama daraus wird, kann ich heute noch nicht sagen. Material sammle ich immer, aber oft bleibt es eine Weile liegen.«

Brechts Mitteilungen kommen trocken und zögernd. Er fühlt sich spürbar unbehaglich ob der Ausfragerei.

Halbwegs aufgetaut hatte ich ihn am Vormittag auf der Probe zum »Guten Menschen von Sezuan« erlebt. Da saß er neben Hans Schweikart am Regiepult, bis die Darstellerin der Shen Te, Erni Wilhelmi, über einen Satz nicht hinwegkam. Brecht stieg auf die Bühne, die Wilhelmi setzte von neuem an, noch einmal und noch einmal. Vergebens. Brecht: »Wissen Sie was, ich werde Ihnen den Satz mundgerecht umschreiben.« Und dichtete ihn sachte um, so daß er der Schauspielerin leicht von der Zunge ging. In einer anderen Szene drängen sich hungrige Menschen in Shen Tes Tabakladen. Drei stecken sich Opiumpfeifen an und beginnen das »Lied vom Rauch«. Brecht, seinen Stumpen rauchend, erklärt die Szene:

»Greifen Sie gierig nach den Pfeifen, hastig – ein Laster kündigt sich an... Nun liegen Sie ganz schlaff da, ganz Genuß am Nichts.« Und zu dem Schauspieler Robert Graf: »Bitte, Herr Graf, singen Sie Ihre Strophe scharf, aber darum weder laut noch schnell. Sie müssen gegen den Text anspielen.« Gegen seinen, Brechts, Text. Es ist still im Raum, als habe der Liebe Gott seine zehn Gebote erläutert.

Später erzählt mir Hans Schweikart – »Aber bitte: Off the record!« –, daß er Brecht auf die Rückreise einen Kasten Münchner Bier und sechs Schachteln Villiger Stumpen mitgegeben habe. Mir war das Geheimnis längst bekannt, hatte ich doch ein paarmal bei meinen Autofahrten nach Berlin meinen ehemaligen Kommilitonen, den Dramatiker Peter Hacks, mitgenommen, der solche Konterbande für Brecht an Bord brachte, im Austausch gegen russischen Wodka für Schweikart.

Ich behielt das Geheimnis für mich. Bis heute.

Reporter-Glück
Mohammed Mossadegh

Es ist wieder mal alles viel zu spät. Auf dem Flughafen Riem ist eine KLM-Maschine mit dem iranischen Ministerpräsidenten Mohammed Mossadegh auf dem Flug nach New York zwischengelandet. Und kein Kollege von der Politik greifbar. Es ist der 7. Oktober 1951, ein Sonntag.

»Budzinski, dann fahren eben Sie raus.«

Ich bin gerade beim Umbruch der Feuilletonseiten für die Montagsausgabe.

Also hinein in die Weltpolitik!

Der Tatbestand:

Mitte März hatte der Iran die Verstaatlichung der in britischer Hand befindlichen Erdölvorkommen beschlossen; Großbritannien hatte protestiert. Mossadegh, ein radikaler Befürworter der Verstaatlichung, wurde Ministerpräsident. Nach ergebnislosen Verhandlungen zwischen der Regierung und der Anglo-Iranian Oil Company hatte Großbritannien den Weltsicherheitsrat angerufen. Das war am 28. September gewesen, vor neun Tagen also.

Mit einem Fotografen fahre ich raus nach Riem. In dem Glaskasten am Rand des Rollfelds warten im Angesicht der KLM-Maschine bereits Kollegen der anderen Münchner Zeitungen. Harte Burschen, hatten sie es doch allgemein mit schlitzohrigeren Opfern zu tun als wir Kulturberichter.

Geballtes Hohngelächter empfing uns.

»Na, auch schon da, Kollegen?« – »Euch werden sie gerade reinlassen!« – »Der ist krank und läßt niemanden vor. Kehrt um und trinkt 'nen Grog.« – »Wär' ja noch schöner:

Wir frieren uns hier seit Stunden den Arsch ab, und ihr kommt als Letzte und glaubt...«

»Die Letzten werden die Ersten sein«, wehre ich ab. Was Besseres fällt mir nicht ein. An die Wahrheit des Bibelzitats in meinem Falle wage ich gar nicht zu glauben.

Mich wundert nur, daß die keine Anstalten machen, wenigstens aufs Rollfeld vorzudringen. Sie warten einfach. Worauf?

Ich sage zu dem Fotografen: »Hören Sie, wir gehn einfach aufs Rollfeld vor die Maschine, und ich frage den Flugkapitän, ob wir rein dürfen, und wenn der, wie zu erwarten ist, abwinkt, dann drücken Sie auf den Auslöser. Bildunterschrift: ›Kein Zutritt. In dieser Maschine wartete gestern der iranische Ministerpräsident Mossadegh auf den Weiterflug zum UN-Weltsicherheitsrat nach New York.‹« Immer noch besser als nichts.

Nach einer Weile erscheint statt des Flugkapitäns am oberen Ende der Gangway ein untersetzter Herr in Zivil.

Ich frage ihn auf Englisch, ob er eventuell zur Begleitung des Ministerpräsidenten gehört. Anstatt abzuwinken – der Fotograf hat bereits den Finger am Abzug –, bleibt der Herr stehen.

»Ich bin sein Sohn und sein Arzt.«

Ich spüre, daß da irgendwelche sympathischen Wellen zwischen uns wabern. Vielleicht, daß er einem meinem Sternzeichen sympathischen Sternbild angehört. Ich weiß, es ist albern, aber ich habe ähnliche Erfahrungen gemacht.

Also, dann:

»Dürfte ich vielleicht kurz mal mit Ihrem Herrn Vater sprechen?«

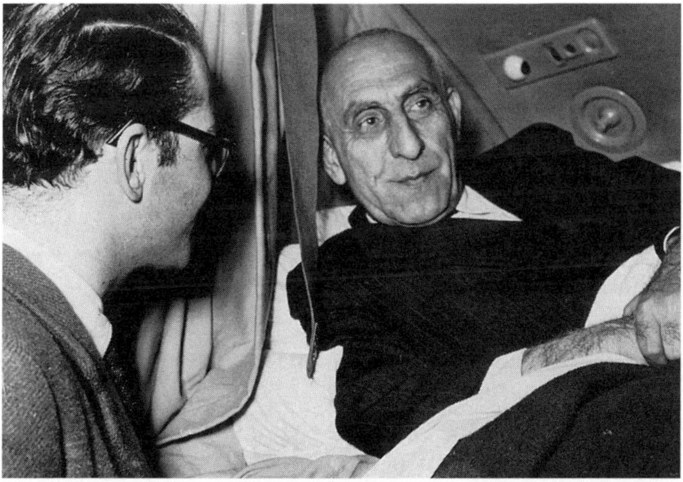

Flughafen München-Riem, 7. Oktober 1951: Blitzinterview mit dem iranischen Ministerpräsidenten Mossadegh bei dessen Zwischenlandung auf dem Flug zur UN-Vollversammlung in New York.

Ich muß innerlich lachen, so komisch klingt das in dieser Situation.

Der Herr schaut mich kurz an, sagt dann: »Einen Moment, bitte« und verschwindet im Flugzeug. Nach wenigen Minuten kommt er zurück, winkt uns und sagt:

»Bitte, kommen Sie.«

Das darf doch nicht wahr sein! Aber es ist wahr. Reporter-Glück, so selten wie ein Sechser im Lotto! Nur – was frage ich ihn? Da fällt mir ein, daß der Iran mit dem Gedanken spielt, für die Ölfelder von Abadan auch deutsche Techniker heranzuziehen. Das ist der Aufhänger.

In der bis auf ihn leeren Maschine liegt in einer Koje in Pyjama und Morgenmantel der einundsiebzigjährige iranische Ministerpräsident. Da er nur Französisch versteht (oder Englisch nicht verstehen will), übersetzt sein Sohn ihm meine Fragen.

»Ja«, sagt Mossadegh, »wir werden so viele deutsche Öl-Spezialisten heranziehen, wie wir bekommen können. Vorläufig prüfen unsere Behörden sorgfältig die bereits eingegangenen Bewerbungsschreiben.«

Warum er denn, da der Iran die Zuständigkeit des Weltsicherheitsrates für den britisch-iranischen Ölkonflikt bestreite, dennoch nach New York gehe?

»Ich gehe nach New York«, sagte er mit schwacher Stimme, »um unseren Standpunkt vor der Weltöffentlichkeit darzulegen, nämlich daß der Weltsicherheitsrat, wie auch die Sowjetunion feststellte, kein Recht hat, in inneriranische Angelegenheiten dreinzureden.«

Ob das logisch ist, vermag ich nicht zu entscheiden; jedenfalls ist es eindrucksvoll.

Ich bedanke mich, der Fotograf schießt sein Foto, und wir gehen über das Rollfeld in den Warteraum.

Soviel verhaltene Wut habe ich noch nie auf einem Haufen gesehen wie dort. Ausgerechnet einer vom Feuilleton! sagen ihre verbissenen Mienen. Mein Triumph verflüchtigt sich. Die Leute tun mir leid. Aber warum, frage ich mich, warum haben sie es nicht wenigstens versucht? Und wenn sie schon abgewiesen worden sind, warum sind sie nicht entweder gegangen oder haben es nicht noch und noch probiert? So knallharte Burschen schienen sie denn doch nicht zu sein.

Oder hatten sie es versucht, und der Mossadegh-Sohn hatte es endlich aufgegeben, immer nein zu sagen, und der Glückliche war ich?

Egal: Der Chefredakteur strahlte. Mein Bericht kam, mit Foto von Mossadegh und mir, auf die erste Seite. Zum erstenmal. Es war wie ein Ritterschlag.

Privatvorstellung
Gustaf Gründgens

3. Juli 1951. Ich rufe Gustaf Gründgens im Hotel an. Er hat auf der Durchreise nach Salzburg in München Station gemacht.

Seine Stimme klingt müde, fern und weh:

»Wer, bitte?... Äh – rufen Sie mich doch morgen früh um halb neun Uhr nochmal an... Ja, dann können wir was ausmachen, wenn ich schon wach bin. Um elf muß ich weiter nach Salzburg... Schön...«

Am anderen Morgen tritt er, elastisch und gestrafft, als bares Dementi seiner zerbrechlichen Stimme vom Vortag in die Hotelhalle des Bayerischen Hofs, den Lumberjack lose um die Schultern geschlagen. Von seinem Bühneninstinkt gesteuert, nimmt er auf einem einsam auf einem Riesenteppich stehenden Sessel Platz. Durch die Halle scheint sich ein unsichtbarer Scheinwerferkegel auf ihn zu richten.

»Es ist sehr liebenswürdig«, beginne ich etwas eingeschüchtert, »daß Sie uns einiges erzählen wollen.«

»Ich will Ihnen ja gar nichts erzählen«, winkt er ab. Diese Pointe mußte sein, als wirkungsvolle Einleitung zu seinem Auftritt.

Und dann kommt der große Monolog. Stichwort: Salzburg. Er werde Shakespeares »Wie es euch gefällt« inszenieren. Mit hervorragenden Mitgliedern seines Düsseldorfer Ensembles.

»Könnten Sie einige Namen nennen?«

»Aber mit Vergnügen: Ludwig Linkmann, Max Eckard, Solveig Thomas, Rolf Terkatz – ein sehr begabter Schauspieler, ja, er hat hier in München im ›Prozeß‹ gespielt; Sie erinnern sich? – und Peer Schmidt. Ich werde dann noch einige Tage in Salzburg bleiben und zwei bis drei Stunden Unterricht am Reinhardt-Seminar geben.«

»Und am Mozarteum werden Sie, wie es heißt, Kafka lesen?«

»Das habe ich gestern aus Ihrer *Abendzeitung* erfahren. Ich wußte es noch nicht, aber vielleicht stimmt es trotzdem.« (Imaginärer Applaus rauscht auf.)

»Ich bin inzwischen in England gewesen, wissen Sie, beim Theaterkongreß in Bristol, dann kam ich zurück nach Düsseldorf, wo mich die neugegründete Schauspielhaus-G.m.b.H. erwartete. Ich habe aber noch keine rechten Erfahrungen mit ihr sammeln können, gleich mußte ich weiter nach Florenz zum ›Maggio Fiorentino‹. Vor acht Tagen erst bin ich zurückgekommen. Ja, die Schauspielhaus-G.m.b.H.« Gründgens' Gesicht legt sich in Falten.

Man weiß, er hatte seine Intendanz wegen des schwerfälligen städtischen Bürokratismus gekündigt und mit ihm seine Schauspieler und das technische Personal ihre Verträge. Woraufhin Stadt, Land, Gewerkschaftsbund und »Freunde des Düsseldorfer Schauspielhauses« eine G.m.b.H. gründeten und Gründgens als Geschäftsführer einsetzten.

»Diese G.m.b.H. ist weder meine Idee noch mein Vorschlag, noch kann ich sonderlich gut mit ihr arbeiten in ihrer jetzigen Struktur.«

Er ziert sich.

»Aber ich kann ja nicht gut nein sagen, wenn aus anständigen Motiven und der Besorgnis um das Theater sich so viele verschiedene Elemente zusammengefunden haben. Ich hätte es direkt als unseriös empfunden, wenn ich

Gustaf Gründgens während seines Gastspiels mit dem »Faust«-Ensemble 1959 in Leningrad.

nein gesagt hätte. Ich bin aber optimistisch, weil ich Dinge zustande bekommen habe, die sonst an sieben Ausschüssen zu scheitern pflegten.«

Nun schmollt er:

»Man hat mich vorher allerdings nicht gefragt. Ich wurde nicht einmal zur Beratung und auch nicht zur Formulierung der Satzung der G.m.b.H. hinzugezogen. Als künftiger Geschäftsführer wurde ich einfach vor den fertigen Schematismus gestellt.«

»Und was sind Ihre Pläne für Berlin?«

(Gründgens hatte seine Verhandlungen mit der Stadt abgebrochen, um in Düsseldorf zu bleiben, wo die G.m.b.H. seine Rettung war.)

»Etwa im Dezember werde ich am Deutschen Opernhaus Mozarts ›Don Giovanni‹ inszenieren. Und vielleicht – vielleicht werde ich mit meinem Ensemble und T.S. Eliots ›Cocktail Party‹ im Berliner Schillertheater gastieren. Aber es ist ja immer so schwer, Frau Hoppe und Frau Flickenschildt zusammenzubringen – die eine sitzt im Norden und die andere im Süden.«

»Und wie sieht es mit München aus?«

»Da kann ich noch gar nichts Genaueres sagen. Ich arbeite sehr gern mit Intendant Hurrle vom Gärtnerplatztheater. Er weiß mich zu nehmen...« (Verschämtes Lächeln.)

Faux pas meinerseits: »Respekt!«

Er stutzt, entspannt sich. Dann:

»Ach, ich glaube gar nicht, daß ich so schwer zu nehmen bin.«

(Beiderseitiges Lächeln.)

Der kostbare Mann mit der kostbaren Zeit blickt auf die Uhr, dem Gesprächspartner den Satz suggerierend:

»Ich möchte Sie nun nicht länger...«

»Ja, Sie müssen entschuldigen, um fünf beginnt in Salzburg schon die erste Probe...«

Es ist zehn Uhr vormittags. Der Vorhang fällt.

Ein irrer Typ
Klaus Kinski

Zum erstenmal hatte ich Klaus Kinski 1946 in einem kleinen Theater an der Kaiserallee in Berlin gesehen, in Jean Cocteaus »Die Schreibmaschine«, und war wie besoffen von dem eruptiven Talent, das sich da austobte. Seinen vorgeschriebenen epileptischen Anfall bekam der Zwanzigjährige auf der Bühne so echt, daß einige Zuschauer schreiend von ihren Sitzen aufsprangen.

Auch sonst begleitete der neue Komet am deutschen Theaterhimmel sein Aufzischen mit Einfällen und Ausfällen meist gewalttätiger Art. Dem Intendanten des Schloßparktheaters, Boleslav Barlog, warf er die Fensterscheiben ein, weil der ihm eine Rolle im letzten Moment entzogen hatte. Erschreckte sein Publikum in Berlin und später in München mit exzentrischen Schmähreden, Theaterskandalen und Verstößen gegen die bürgerliche Moral. Sein Bild bei den Kritikern schwankte zwischen »Berlins interessantester Schauspieler« (Walter Karsch im Berliner *Tagesspiegel)* und »Ein klinischer Fall« (George Salmony von der Münchner *Abendzeitung* in einem privaten Gespräch).

Wie gesagt, war auch ich unrettbar gebannt von dieser ungewöhnlichen Erscheinung, von der der Kritiker Herbert Pfeiffer pythisch orakelt hatte, Kinski sei »in seiner Generation ohne Vergleich«. Sein wahres Talent sollte erst dreißig Jahre später der Filmregisseur Werner Herzog aus dem über Fünfzigjährigen herauskitzeln. Ich hatte also doch richtig gewittert, wenngleich ich mich in keinem anderen Interview, weder vorher noch nachher, zu gleichem Überschwang verstiegen hatte wie solchem:

»Wer... Klaus Kinski gegenübersitzt, wird sofort von dem Außerordentlichen, das ihn aus diesen Augen anspringt, und allem, was sich um sie herum in diesem Gesicht abspielt, gepackt und im tiefsten beunruhigt. Ekstase wohnt in diesem Gesicht und kindliches Auflachen, weiches Schwärmen und hartes Verdammen, Bockigkeit und Durst nach dem Schönen, nach Blumen und Tieren – alles, nur nichts Gewöhnliches, Geordnetes. Er steht außerhalb der Ordnung, in der sich die beste aller Welten gefällt und gefallen muß, will sie bestehen.«

Das war 1951. In München kannte diesen geiferspeienden Vulkan noch kaum jemand. Ich hatte Kinski bei gemeinsamen Bekannten wiedergetroffen, bei denen er sich übrigens ausgesprochen manierlich aufführte, ihn auch bei einer seiner Rezitationen besucht und ihn um ein Interview gebeten. Offenbar um sicherzugehen, nicht von einem Boulevardblatt verheizt zu werden, kam er in die Redaktion, wo er mir beim Abfassen des Interviews behilflich sein wollte.

Nun gut, warum nicht. Ich wußte zwar, was ich im allgemeinen über ihn schreiben wollte, hatte es auch bereits druckfertig konzipiert, doch war mir die Genauigkeit von Daten in diesem ungeordneten Leben wichtig. Kinski kam, gab sich kooperativ, brachte hier und da einige Korrekturen an und segnete mein Geschreibe ab.

Das muß mir seine ewige Feindschaft eingetragen haben. Oder bestätigte, was er fünfundzwanzig Jahre später über diese Begegnung in seiner Autobiographie »Ich bin so wild nach deinem Erdbeermund« auf Seite 188 schrieb, nur das Vor-Urteil, daß diesem Maßlosen nur ein knappes

Vom Bürgerschreck zum genialischen Mimen:
Klaus Kinski in den siebziger Jahren.

Achtel von dem zu glauben sei, was er in seiner narzißtischen Selbstüberschätzung über sein Leben und Leiden zum besten gab?

Hören wir ihn selbst:

»Klaus Budzinsky, der mich angeblich von der Schule her kennt, kommt nach der Generalprobe in meine Garderobe. ›Ich werde die Kritik schreiben‹, sagt er.

›Wenn du der bist, an den du mich jetzt erinnerst, kannst du nicht einmal richtig Deutsch‹, antworte ich und schiebe ihn zur Seite, weil er mich stört. ›Außerdem, was willst *du* denn schreiben? Du willst *mich* kritisieren? Du mußt besoffen oder verrückt geworden sein.‹

Er schreibt, glaube ich, keine Kritik, ich habe seinen Unsinn wenigstens nicht gelesen. Aber er kommt wieder und will einen Artikel über mich schreiben. Er fängt gerade bei der *Abendzeitung* als Schreiberlehrling an.

›Das wird dein Meisterstück‹, sage ich. ›Die Gesellenprüfung kannst du gleich überspringen! Ich werde dir den Artikel diktieren, dann steht wenigstens einmal etwas Wahres über mich in der Zeitung!‹

Wir gehen zusammen in die Redaktion der *Abendzeitung*, und ich diktiere den Artikel über mich in die Schreibmaschine. Im Druck erscheint er nicht ganz wortgetreu, aber immerhin wird er daraufhin befördert und später ein (in der *Abendzeitung)* bekannter Mensch.«

In der Folgezeit wirkte Kinski in weit über hundert Filmen mit, historisierenden Schinken, Schmachtfetzen, Killer-Thrillern, Erotik- und Gruselstreifen, die er nach eigenem Bekunden selbst »zum Kotzen« fand. Aber da er für seine Eskapaden immer Geld brauchte, gab er sich in den Ateliers artig und willig und so gar nicht als Bürgerschreck. Bis in den siebziger Jahren Werner Herzog Kinskis genialisch angehauchtes Talent freilegte und bezwingende Leistungen aus ihm herausfilterte.

So ganz hatte ich mich also doch nicht in ihm geirrt.

Ein geduldiger alter Gentleman
WILLIAM SOMERSET MAUGHAM

Der soignierte kleine Herr sitzt in einem Sessel im Foyer des Hotels »Vier Jahreszeiten« und läßt sich geduldig von einem halben Dutzend Reporter ausfragen. Während andere Leute in diesem Frühling des Jahres 1953 zum Urlaub in südliche Gefilde aufbrechen, hat er sich von seinem Wohnsitz in Cap Ferrat an der Riviera nordwärts auf den Weg gemacht, nach Deutschland auf der Suche nach der verlorenen Zeit.

In Heidelberg, sagt er, habe er die Stätten seiner gut sechzig Jahre zurückliegenden Studentenzeit aufgesucht, habe an der Stelle seiner einstigen Bude eine Schnapsfabrik vorgefunden und in der Position seines alten Lehrers Cuno Fischer, bei dem er über Schopenhauer und Goethes »Faust« gehört hatte, einen sehr entgegenkommenden Rektor, der ihn zu einer kleinen Professorengesellschaft eingeladen hat – »a very pleasant evening«.

Der angelsächsische Weltmann weiß sehr wohl, was er der Journalistenmeute schuldig ist. Als er angesichts einer Patience, die auf einem kleinen Tischchen vor ihm ausgebreitet liegt, bemerkt, daß er ein leidenschaftlicher Kartenfreund und speziell Bridgespieler sei, keimt in mir die wahnwitzige Idee, ihn für eine Serie über prominente Gäste in München zu mißbrauchen, die gerade in der *Münchner Illustrierten* läuft. Wir verabredeten einen entsprechenden Termin für den nächsten Tag.

Was gibt Somerset Maughams Leidenschaft optisch her? fragt sich der Fotograf. Ein Kartenspiel, am besten mit einem oder mehreren Partnern. Wo aber kriegen wir auf die Schnelle drei Bridgespieler her?

»Ach was«, meint der Fotograf, »es muß ja nicht gerade Bridge sein.« Spielkarten seien Spielkarten, man brauche sie ja nicht so genau zu fotografieren, um den Unterschied zwischen französischen und deutschen wahrzunehmen. Was mir beweist, daß er einen bestimmten Plan hat. Und tatsächlich schlägt er vor, den großen Schriftsteller mit den Tarockspielern im nahegelegenen Hofbräuhaus zu verkuppeln.

Ganz so abrupt getraue ich mich indessen nicht, den Vorschlag an Somerset Maugham weiterzugeben. Zunächst frage ich ihn, während der Fotograf ihn zur Fortsetzung seiner ewigen Patience ermuntert, was er in München vorhabe. Noch einmal die Alte Pinakothek besuchen und sich ein paar Opernaufführungen anschauen, sagt er, mühsam, stotternd, wie er überraschenderweise spricht, und mit der sich zwischen den Zahnreihen wölbenden Zunge als Hindernis eines ungehemmten Redeflusses.

Durch diskrete Zeichen bedeutet mir der Fotograf, daß er mit der Patience-Abbilderei fertig sei. Ich frage den alten Herrn, ob wir ihn zu einem kurzen Spaziergang ins »Hofbräuhaus« verleiten dürften, wo er im übrigen Kartenspieler eigener Art antreffen würde. Er ist also vorgewarnt. Dennoch nickt er und steht mühsam auf.

Wir überqueren die Maximilianstraße und arbeiten uns durch das Kosttor zum Tatort durch. Unterwegs frage ich ihn, ob er sich vielleicht auch in der »Kleinen Komödie« seine Komödie »Finden Sie, daß Konstanze sich richtig verhält?« ansehen wolle. Er erinnert sich nicht, eine solche Komödie geschrieben zu haben. (Leider fällt mir der englische Originaltitel – »The Constant Wife« – nicht ein.) Er erinnere sich überhaupt kaum mehr an seine Stücke; viele

Frühjahr 1953 im Foyer des Münchner Hotels »Vier Jahreszeiten«: Der Schriftsteller W. Somerset Maugham im Gespräch mit seinem Interviewer.

seien Mißerfolge gewesen, weshalb er vor einem Vierteljahrhundert damit aufgehört habe. Auch habe er vor zehn Jahren mit Romanen und vor fünf Jahren mit Kurzgeschichten Schluß gemacht. Allerdings schreibe er immer noch. Aha. Nun kann ich meine Standardfrage »Und was sind Ihre Pläne?« doch noch anbringen.

»Jetzt gehe ich erst einmal zur Kur nach Badgastein«, sagt er. Und dann? Dann mache er einen angefangenen Band mit Essays fertig, über Goethes Romane und über die »Journaux« von Jules Renard und Paul Léautaud, literarische Arbeiten, die er sich als Alterswerk reserviert habe.

»Und dann mache ich den Laden dicht und lasse die Rolläden herunter«, schließt er ganz unliterarisch.

Inzwischen sind wir am Hofbräuhaus angelangt. Willig läßt er sich in die Schwemme führen, gefällig nimmt er an einem Tisch mit drei Tarockspielern Platz, behäbigen Dreiquartelprivatiers, die den alten Herrn zunächst mißmutig beäugen. A Preiß, a feiner Herr, was wui denn der hier? scheinen ihre Mienen zu sagen. Ihre Reserviertheit läßt sich durch die bayerische Sprachfärbung des Fotografen lockern. Ob die Herren gestatteten, daß sich der fremde Herr kurz zu ihnen setzt und mitspielt – symbolisch sozusagen, denn er könne nicht Tarock, und es sei nur für die Aufnahme, der Herr sei ein berühmter Ausländer und zu Gast in München.

»Ja, da schau her!« sagt der Dickste in der Runde.

»Freili, freili!« bestätigt ein anderer.

»Gibt er einen aus?« erkundigt sich der dritte.

Eine Runde Bier wird bestellt. Somerset Maugham kneift sich sein Monokel ins Auge, nimmt die ihm dargebotenen Karten zur Hand und »spielt mit«.

Der Fotograf ist begeistert, ich bin ein bißchen gerührt. Da sitzt ein weltberühmter Schriftsteller von 79 Jahren gelassen in der dunstigen Schwemme des Münchner Hofbräuhauses und läßt sich sozusagen als Tanzbär vorführen.

Ich bedanke mich bei ihm, entschuldige mich im nachhinein für die Zumutung.

William Somerset Maugham schaut mich an:

»Aber das ist doch Ihr Job«, sagt er.

Ein Job wie Romane, Essays, Bühnenstücke schreiben.

Ich begleite ihn zurück ins Hotel, er blickt heiter drein, mit sich und der Welt im reinen. So sieht einer aus, der den Tod furchtlos und unvoreingenommen auf sich zukommen läßt. Bis dahin sollte es allerdings noch acht Jahre dauern.

Von Arien und Kanarien
Ljuba Welitsch

Ich ziehe meinen dunklen Anzug an, schließlich bin ich zur Audienz bei der Marschallin angemeldet. Sie heißt mit bürgerlichem Namen Ljuba Welitsch und ist eine weltberühmte Sopranistin. In der Halle des Hotels »Vier Jahreszeiten« harrt sie meiner zum Empfang. Ich mache einen artigen Diener, bringe einen schüchternen Handkuß an und setze mich. Ehrfurcht ist angesagt.

Mein Blick geht von der fleischigen Hand aufwärts über einen imposanten Busen in ein lustiges Gesicht mit wienerischem Kinn, über dem sich ein breites Lächeln entfaltet, das sogar echt wirkt. Auf der Stelle vergeht mir das Fürchten. Ich werde heiter, höre Mozart und den Strauss des »Rosenkavalier«.

Was sie zu erzählen hat von ihrer beruflichen Weltreiserei, absolviert sie merkbar nebenher. Sie komme aus England und sei auf dem Sprung nach Wien. In London habe sie die »Salome« gesungen, für die Wiener Staatsoper muß sie die Gräfin in »Figaros Hochzeit« lernen, die sie noch nie gesungen hat, weder in Bulgarisch, ihrer Muttersprache, noch in Englisch, Italienisch oder Deutsch. Singen tut sie alle Opernsprachen, schließlich verlangt die Metropolitan Opera von New York die Partien in der jeweiligen Ursprungssprache. Die »Aida« und die Musette in »La Bohème« singe sie mühelos in vier Sprachen, zuweilen sogar in ein und derselben Vorstellung. Nur: »Manchmal kommt Gewurschtel aus mein' Mund. Aber macht nichts. Ich bin größte Dichterin von Welt.«

Sie mustert mich mit dem Blick der österreichischen Diva, die die Interessen der Boulevardpresse wienerischer Machart sehr genau kennt.

Strahlend hebt sie an, etwas zu sagen. Gleichzeitig frage ich sie nach ihren Plänen.

Die Luft ist erst einmal raus. »No ja, werd' ich singen nächstes Friejahr an der Met die Donna Elvira in ›Don Giovanni‹ und mach' anschließend Konzerttournee durch die Staaten.«

Ich notiere es. Wieder atmet sie tief ein: »Noch was: Mein Pudelfrauchen hat drei Junge geworfen, muß ich mich um sie kümmern. Ich habe auch zwei Kanaris, die und meine Pudel sind alle glücklich verheiratet. Die einzige Unverheiratete bin ich.«

Und dann vertraut sie mir augenzwinkernd an, daß das nicht lange so bleiben wird. Sie habe da einen Wiener Polizisten kennengelernt...

Im Gegensatz zu ihm – »Aber er ist so ein Mann!« – seien ihre Pudel und ihre Kanaris alle von Adel: Ali von Rabenoff heiße der Pudelmann, Scheherezade von Rabenoff seine Frau...«

Jetzt, meine ich, sollte ich etwas einwerfen, was sie wieder zu sich selber bringt. Ich sage:

»Dafür haben Sie aber den größeren Namen, gnädige Frau.«

Sie strahlt. Endlich hat sie ihren Wiener Klatschkolumnisten in mir entdeckt.

»No ja, aber singen tun meine Kanaris auch nicht schlecht. Und international obendrein.«

In die Halle tritt ein Manager und geht auf sie zu. Sie entschuldigt sich wortreich bei mir und begrüßt den Eingetroffenen nicht minder wortreich.

»Gewurschtel aus mein' Mund«: Ljuba Welitsch, die österreichische Sopranistin und Filmkomikerin bulgarischer Herkunft.

Ich verabschiede mich. Ihre wesentlichen Daten klaube ich mir aus dem Archiv zusammen. Dabei ergibt sich ein Haufen weiterer Fragen.

Ich rufe im Hotel an. »Frau Welitsch ist weggegangen. Zum Rundfunk. Und danach reist sie ab.«

Ich rufe im Funk an.

»Frau Welitsch ist in der Tonaufnahme. Sie singt Arien aus ›Pique Dame‹ und ›Eugen Onegin‹ auf Band.«

»Kann ich sie danach...?«

Nein, danach reist sie sofort nach Wien weiter.

Bleibt mir nur zu rätseln, ob sie die beiden Partien etwa auf Russisch singt. (Und ob sie mit ihren Tieren bulgarisch spricht?)

Ein Kind aller Länder
Irmgard Keun

Nein, ein Groupie kann sie nicht gewesen sein; dazu ist sie zu eigenständig, zu kreativ. Aber als Literatengefährtin kann man sich Irmgard Keun schon vorstellen, wie sie da Ende der dreißiger Jahre mit Joseph Roth in den Pariser Cafés herumhockt, dem »Heiligen Trinker«, mit dem sie beim Hinunterspülen der Tristesse der Zeitläufte standhaft mithält.

Auch jetzt trinkt sie, als ich sie in ihrem Zimmer in der Widenmayerstraße zu einem Interview besuche. Wermut. Wie selbstverständlich gießt sie mir ein Glas ein, und noch eins und noch eins – und sich selbst natürlich auch.

Schriftstellerinnen wie die Keun werden im deutschen Literaturbetrieb nicht ernst genommen, kaum eine Literaturgeschichte verzeichnet sie. Ich hab's leidvoll erfahren. Was sie macht, wird hierzulande streng als »Unterhaltungsliteratur« in die zweite Bücherreihe gestellt. Kein Mensch in England oder in Frankreich würde sich den Kopf darüber zerbrechen, ob etwa Daphne du Maurier oder Françoise Sagan Unterhaltungs- oder »hohe« Literatur machen. Dabei hat die Keun die Zeitläufte nie platt abgebildet, sondern sie stets mit einem Schuß scharfer Satire und Zeitkritik versetzt. Als sie mit 22 Jahren die Romane »Gilgi, eine von uns« und »Das kunstseidene Mädchen« veröffentlicht hatte, kam Hitler. Und Irmgard Keun – blond, blauäugig und »arisch« – ging. Nicht gezwungenermaßen, »nur« aus Charakter.

Fast überall um Deutschland herum war sie zu finden, in Brüssel, Ostende, Amsterdam, Paris, Nizza, Salzburg und

Buchumschlag eines der ironisch-zeitkritischen Romane von Irmgard Keun.

Warschau. Schreibender- und trinkenderweise. Immerhin entstanden dabei vier Romane.

Irmgard Keun gießt noch ein Glas nach. Mir steigt das süße Zeug zu Kopfe, aber sie läßt nicht mit sich handeln. Überhaupt führt sie sich nicht auf wie eine Erfolgsschriftstellerin, die aus dem Exil endlich heimgefunden hat. Man komme ihr, sagt sie, nicht mit dem »harten Brot der Emigration«. Wenn man sie reden hört, konnte es gar nicht so hart gewesen sein, als daß sie es nicht am Ende weich gekriegt hätte. Daß ihr doch mancher Brocken im Halse stecken blieb, hat sie verschämt zwischen den Zeilen ihres 1947 erschienenen Bändchens »Bilder und Gedichte aus der Emigration« versteckt.

Im übrigen sei sie schon 1940 heimgekehrt, nicht ganz freiwillig zwar. Schon gar nicht aus Heimweh. Sagt sie. Stimmt natürlich nicht. Aber sie sagt es. Als deutsche Truppen die Niederlande besetzten, verschaffte sie sich falsche Papiere und hoffte, in der Höhle des Löwen am sichersten zu überwintern. In rheinischen Dörfern, in Starnberg, in München und in geheimen Kellern des bombenbehagelten Berlin lebte sie sozusagen unter der Hand. Manchmal muß die Hand auch eine drohende Faust gewesen sein. Darüber spricht sie ungern.

Noch ein Gläschen? Was nützt es mir, nein zu sagen? Jetzt ist die Keun in Fahrt. Erzählt mir ausführlich von Geldschrank-Joe, ihrem Freund aus einer Kölner Schwere-Jungen-Dynastie. Und wie der das mit der Unterkunft in den rheinischen Dörfern gedeichselt hat, als die Kriminellen die anständigsten Deutschen waren.

Da sitzt sie, trinkt, ja säuft, spricht so, wie ihr der Schnabel gewachsen ist, nämlich druckfertig, und der Zuhörer wünscht sich in der recorderlosen, der schrecklichen Zeit ein Gefäß, worin er die sprühend-aphoristischen Perlen auffangen kann, die die Keun freigebig verstreut.

Jetzt verstehe ich, warum sie so viel herunterspülen muß, um ihre immer wieder durchbrechende Liebe zu diesem gottverdammten Land niederzuhalten.

Leicht schwankend verlasse ich sie und muß ihr versprechen, noch einmal wiederzukommen, es gäbe da noch so vieles zu erzählen. Doch das Interview muß übermorgen im Blatt stehen. Das Datengerippe nimmt fast den ganzen Platz ein, so daß für das viel wichtigere Drumherum kein Raum mehr bleibt. Später einmal, tröste ich mich, werde ich es schildern.

Was hiermit – zugegebenermaßen immer noch unvollständig – geschehen ist.

Ein Stich ins Wespennetz
Fritz Kortner und Rudolf Noelte

Theaterkräche sind an sich nichts Seltenes in dem Gewerbe. Wenn aber zwei Regielöwen in eine blutige Beißerei geraten, zwei Dampframmen der Regie aufeinander losrasen, daß die Fetzen fliegen, dann hält man sich als Pressemann da besser heraus. So zumindest dachte der Intendant der Münchner Kammerspiele, Hans Schweikart, als die *Abendzeitung* im Mai 1954 Näheres über das Funkenstieben bei der Inszenierung von Eugene O'Neills »Gier unter Ulmen« zu wissen begehrte. Die Aufführung, so die amtliche Version, sei »infolge interner Dispositionen auf die nächste Spielzeit verschoben« worden.

Was war geschehen? Fritz Kortner, seit den zwanziger Jahren genialer Kotzbrocken des deutschsprachigen Theaters, sollte nach einigen eigenen Inszenierungen wieder einmal selber auf der Bühne stehen. Der tyrannische alte Farmer Ephraim Cabot in O'Neills schwachem Stück mit starken Rollen erschien dem Zweiundsechzigjährigen dazu gerade recht. Auch dem dreiunddreißigjährigen Regisseur Rudolf Noelte (siehe auch Seite 118) stimmte er zu. Man probte vier Wochen lang, dann kam's zum Krach. Wer den damals erst beginnenden Regie-Brocken Noelte kannte, wunderte sich nicht. Kortner »stieg aus«, ließ einen um Beilegung bemühten Brief Noeltes ungeöffnet zurückgehen, schlug einen von Schweikart vorgeschlagenen Versöhnungstermin aus.

Wer von beiden im Recht war, dem sollte nun ich nachgehen. Der Umstand, daß Zeugen des Auftritts meinten, Noelte hätte zwar recht gehabt, es Kortner aber undiplo-

Krach zwischen Regielöwen: Fritz Kortner und Rudolf Noelte.

matisch beigebracht, durfte einem gewissenhaften Journalisten nicht genügen. Also ran ans Telefon.

Zuerst Noelte. Der schilderte mir den Ablauf der Auseinandersetzung und ihre Gründe aus seiner Sicht. Dann Kortner. Gereizt erklärte er mir, das ginge die Presse gar nichts an. Er sei ausgestiegen, und damit basta.

»Aber vielleicht könnten Sie mir doch die Gründe...«

»Nein, das kann ich nicht, und das will ich nicht.«

»Könnten Sie nicht zumindest auf die Stellungnahme von Herrn Noelte antworten, wenn ich sie Ihnen vorlese?«

»Hören Sie, ich lasse mich von Ihnen nicht terrorisieren...«

»Aber wir wollen doch nur ganz unparteiisch die Gründe beider Seiten einander gegenüberstellen...«

»Jetzt reicht es mir aber. Ich werde mich bei Ihrem Herausgeber über Ihre Dreistigkeit beschweren!«

Im Hörer klackte es: Aufgelegt.

Was würde mein Herausgeber und Mentor Werner Friedmann dazu sagen? Ich wußte, daß er mit Kortner befreundet war und daß dieser die stärkeren Bataillone hinter sich hatte.

Später erfuhr ich es von einem Kollegen: Friedmann war zu der Zeit auf einer Rundreise durch die Schweiz. Kortner telefonierte hinter ihm her, von Kanton zu Kanton, von Stadt zu Stadt. Schließlich erwischte er ihn. Raste nach Friedmanns Rückkehr in den Verlag (wo ich ihn dann zufällig im Vorzimmer sitzen sah) und beschwerte sich über mich.

Und Friedmann sprach: »Lieber Freund, bitte mißbrauchen Sie meine Freundschaft nicht. Der Budzinski hat nur das getan, was er bei mir gelernt hat.«

Ehre seinem Angedenken.

Und Gedenken an seine Worte, die er dem »ABC des Reporters« zur Einleitung geschrieben hat:

»Nur jemand, der die Wahrheit und Gerechtigkeit leidenschaftlich liebt und erfüllt ist von der verantwortungsvollen Aufgabe, ein unverfälschtes Weltbild wiederzugeben, kommt dem Ideal des Zeitungsmannes nahe.«

Der Schlager der Saison wurde dann eine kabarettistische Parodie auf das Stück, die die »Kleine Freiheit« unter dem Titel »Bier unter Palmen« herausbrachte.

Ein bitterer Komiker
Heinz Rühmann

Man sieht es ihm schon von weitem an: Der kleine Mann mit dem pfiffigen Gesicht geht in Abwehrstellung gegen den Interviewer. Er fürchtet die augenzwinkernde Kumpelhaftigkeit, die ihm bei solchen und anderen Gelegenheiten entgegenzuschlagen pflegt. Er soll den Schalk rauslassen wie in seinen Filmen, erwartet man von ihm. Kurz gesagt: Selten habe ich so sehr auf Granit gebissen wie bei Heinz Rühmann.

Es war im März 1954 bei den Proben zu Becketts Farce »Warten auf Godot« an den Münchner Kammerspielen. Rühmann empfängt mich widerwillig in seiner Garderobe. Gerade zieht er sich um. Murmelt was Unangenehmes von »Angenehm«. Wortlos bestaune ich den muskulösen Körperbau des Zweiundfünfzigjährigen. Frage sachlich irgendwas, kriege karge Antworten, aus denen sich nichts machen läßt – der kleine Mann ist der Mißmut persönlich. Ich denke an andere große Komiker mit ihren unwirschen Marotten, an Karl Valentin etwa. Später lerne ich in Theo Lingen (siehe Seite 130) einen ähnlich säuerlichen Charakter kennen. Von Hans Moser (siehe Seite 130), dem Dritten im Bunde der großen Film-Spaßmacher des Dritten Reiches, höre ich vergleichbar Sauertöpfisches. Boshafter Witz statt der offiziell dargebotenen humorigen Harmlosigkeit. So mißglückt das Interview gründlich.

Ich gehe in den Zuschauerraum, dort darf ich eine Zeitlang die Proben beobachten. Gerade unterbricht Fritz Kortner (siehe Seite 50), der Regisseur, Rühmanns Aktion:

»Muskulöser Körperbau«: Heinz Rühmann in den dreißiger Jahren mit Filmkamera am Badestrand.

»Bitte sehr, Herr Riemann, würden Sie freundlicherweise...«

»Rühmann«, verbessert der Gerügte.

»Also denn, Herr Reimann, hätten Sie vielleicht die Güte...«

»Rühmann«, beharrt Rühmann.

»Schön. Ich wollte Sie nur bitten, Herr Rollmann...«

Da geht Heinz Rühmann ganz nach vorn an die Rampe und fragt in die Dunkelheit des Parketts:

»Is wohl Föhn heute, Opa, was?«

Unter falscher Flagge
MARCEL PAGNOL

Was tun, wenn ein berühmter Mann pressescheu ist? Ganz einfach und gemein: Man schleicht sich unter falscher Flagge in sein Vertrauen, weicht ihn auf, wärmt ihn an – und schlägt zu, wenn's ihm nicht mehr wehtut.

Als Marcel Pagnol zu Ostern 1955 ganz privat nach München kam, war es die Flagge eines guten Freundes seiner Freunde, die ich hißte. Übrigens war sie echt: Pagnol besuchte seinen deutschen Verleger, und mit dem war ich tatsächlich befreundet. Aber welch höflicher Gast fragt bei der gegenseitigen Vorstellung schon nach dem Beruf des ihm Vorgestellten?

Marcel Pagnol, der südfranzösische Stückeschreiber, Schöpfer so vielgespielter Komödien wie »Fanny«, »Zum goldenen Anker« oder »Die Frau des Bäckers«, wundert sich, daß die Deutschen mit ihren schwarzen Haaren und dem gedrungenen Wuchs so sehr seinen provenzalischen Schlitzohren ähneln, wo er sie sich doch so penetrant »germanique« vorgestellt hatte. Man klärt ihn auf, was er hier zu sehen bekäme, seien eigentlich keine richtigen Deutschen, es seien Bayern, Schlitzohren auch sie, noch genauer: Münchner. Pagnol ist's zufrieden und sieht der Uraufführung der dramatisierten Fassung seines Films »Manon des Sources« im Residenztheater im kommenden Herbst beruhigt entgegen. »Sie haben im Bayerischen Staatsschauspiel aus dem Film ein Stück gemacht«, klärt mich unser Gastgeber auf. Dort also läuft er als Drama. Sehr originell.

Weil aber im umgekehrten Falle die Verfilmer seiner Stücke immer zuviel am Text geändert haben, sagt Pagnol, habe er seine eigene Filmgesellschaft gegründet. Was dazu geführt habe, daß er in der Académie Française nicht als Schriftsteller, sondern als Filmschaffender sitze. Auch gut.

Der berühmte Mann ist sechzig Jahre alt, untersetzt, mit kräftigen Bauernhänden und lebhaften dunklen Augen, und erzählt, erzählt, erzählt. Der verkappte Reporter muß das alles in seinem Hirn speichern. Kein Wunder, daß er am Ende die Hälfte vergißt. Aber das behält er:

Seine »Madame Aurélie« dürfe nur auf amerikanischen Bühnen ihren Mann nicht zum »Cocu«, also zum Hahnrei, machen, das verbiete dort die öffentliche Moral. Natürlich gäbe es drüben genau so viele Cocus wie in Europa. Nur drüben ließen sich die Leute eben scheiden. Wegen der Moral.

»Cocu, cocu!« ruft das vierjährige Töchterchen des Gastgebers dazwischen. Ihr Papa hat es ihr beigebracht, zur Freude des Gastes, der auch pflichtschuldigst lacht.

Dann erzählt Pagnol von seiner ersten Begegnung mit Gina Lollobrigida, die in der italienischen Verfilmung des Stückes die Titelrolle spielte. »Sie ist doch so berühmt für ihren Busen«, sagt er. »Aber als wir uns unterhielten, hielt sie immer die Arme darüber verschränkt. Endlich, in einem unbedachten Moment, bekam ich ihn doch zu sehen.«

»Na, und?« frage ich.

»Na, was«, sagt Pagnol und macht wie die Italiener »Äh!«.

»Er ist weder zu groß noch zu klein. Gerade richtig. Aber erzählen Sie es nicht weiter, sie könnte mich verklagen. Wegen Geschäftsschädigung.«

In Pagnols Knopfloch fällt mir ein kleines rotes Knöpfchen auf. Ich wußte damals noch nicht, daß es für das Kreuz der Ehrenlegion steht. »Was ist denn das für ein Knöpfchen?« frage ich blöd. Pagnol schmunzelt. Wie sag' ich's meinem tumben Teutschen? »Tja«, sagt er schließlich, »das bekommen die Leute bei uns als Trost, wenn sie alt werden.«

Pointen aus dem Stand
Curt Goetz

Zu denen, die – obwohl sie nicht hatten emigrieren müssen, es sei denn, aus Charakterzwängen – anfangs der fünfziger Jahre nach Deutschland zurückkehrten, gehörte der Schauspieler und Komödienautor Curt Goetz. Heute laufen im Fernsehen ab und zu seine Nachkriegsfilme wie »Das Haus in Montevideo« oder »Dr. med. Hiob Prätorius«, die er nannte, als ich ihn damals nach seinen Plänen fragte.

Zusammen mit seiner Frau und ewigen Partnerin Valerie von Martens lud er mich zum Essen in die Torggelstuben ein. Wie wir aus dem Taxi stiegen, schoß der nachgekommene Fotograf sein Bild. Darauf Curt Goetz in seiner sächselnd-näselnden, nun von unterdrückter Wut geschärften Sprechweise:

»Da schmiert sich unsereiner zeitlebens stundenlang Schminke in die Fresse, damit man einigermaßen anständig aussieht, und dann blitzt einen einer mitten ins nackte Gesicht!«

Aber da hatte der Fotograf schon das Weite gesucht. (Übrigens gab dann das briefmarkengroße, grob gerasterte Klischeefoto kaum mehr etwas von den Falten der Goetzens wieder, allerdings auch nicht viel vom Restlichen.)

Am Tisch wählten die Goetzens ein köstliches Gericht aus. Als der Meister mich fragte, ob ich vielleicht das gleiche haben wollte, erinnerte ich mich an die Figur eines Metzgermeisters, der in einem seiner Stücke, bei feinen Leuten eingeladen, auf eine ähnliche Frage antwortete: »Ich bin so freundlich.«

Der Schauspieler und Komödienautor Curt Goetz in seinem Einakter »Die Kommode« im Berliner Renaissance-Theater 1958.

»Ich bin so freundlich«, sagte ich spontan. Darauf Curt Goetz zu seiner Frau:

»Siehst du? Er kennt seine Klassiker!«

Ein Farmer auf Durchreise
William Faulkner

Langsam steigt der kleine Mann im Münchner Hauptbahnhof aus dem D-Zug-Abteil. Er trägt ein verwaschenes hellblaues Hemd mit gelber Krawatte unter einem Jackett von der Stange. Was mir daran auffällt, sind die Lederflecken auf den Ärmeln in Höhe der Ellenbogen.

»Sind Sie Mr. Faulkner?« frage ich zur Sicherheit.

»Sure«, antwortet der kleine Mann, ohne das Gesicht zu verziehen.

Er ist nicht sehr gesprächig, dieser berühmte Schriftsteller aus den Staaten mit dem Nobelpreis. Das Interview sozusagen auf der Schwelle nach München, das er eigentlich nur auf der Durchreise von Rom nach Paris berührt, kommt ihm offensichtlich ungelegen.

Bevor ich noch die erste Frage stelle, fragt er mich:

»Wie hoch sind hier zur Zeit die Getreidepreise?«

Der große kleine Mann ist ja eigentlich ein Bauer, fällt mir ein, oder genauer: ein Farmer.

»Tut mir leid«, druckse ich, »werd' mich in der Wirtschaftsredaktion erkundigen.«

Inzwischen ist ein Begrüßungskomitee auf den Bahnsteig geeilt und entreißt mir mein Opfer.

»Heute abend können Sie Mr. Faulkner im Amerika-Haus befragen, soviel Sie wollen«, erklärt mir ein Herr ein wenig unwirsch. Devotes Lächeln, artige Bücklinge nehmen den Gast in Beschlag.

Abends im Amerika-Haus. Begrüßung durch den Hausherrn auf deutsch. Dann Freigabe des Wilds an die fragebegierigen Journalisten.

Unterdessen hält William Faulkner eine Tabakpfeife in der braunen Bauernhand, unschlüssig, ob jetzt der geeignete Augenblick sei, sie zu stopfen.

Die erste Test- und Tastfrage, ob des Autors Münchner Aufenthalt unter Umständen mit dem Erscheinen seines jüngsten Romans »A Fable« (»Eine Legende«) in deutscher Sprache zusammenhänge, wird scherzhaft dahingehend beantwortet, dies sei Zufall, er hoffe jedoch, seine Anwesenheit möge dem Verkauf des Buches nicht hinderlich sein. Er habe viel von München gehört und gelesen und möchte gern etwas vom gerade beginnenden Oktoberfest mitbekommen, eventuell auch von der gleichzeitig abgehaltenen Landwirtschaftsausstellung. (Aha: wegen der Getreidepreise!) Deshalb habe er vom US-Außenministerium, in dessen Auftrag er reise (So so!), die Genehmigung zu einem München-Aufenthalt erwirkt.

Den stumm aufkommenden Verdacht, er reise als CIA-Agent, begegnet er mit der Bemerkung, sein »Job« sei es, zu zeigen, daß es in Amerika auch andere Leute gäbe als Wirtschaftsbosse und Kongreßabgeordnete. Mr. Faulkner hat inzwischen aus der rechten Jackentasche eine Streichholzschachtel geklaubt und betrachtet sie und die Pfeife. Soll er...?

Da fragt einer: »Was halten Sie von der neuen deutschen Literatur?«

Faulkner läßt die Hände sinken: »Ich kenne selbst die zeitgenössische amerikanische Literatur zu wenig, um über andere Literaturen urteilen zu können.«

Nächste Frage: »Wie beurteilen Sie die Nachkriegsentwicklung in Europa, verglichen mit der in den USA?«

Hier habe man zwar ungleich Schwereres durchgemacht als drüben, im Grunde aber seien die Unterschiede nicht allzu groß.

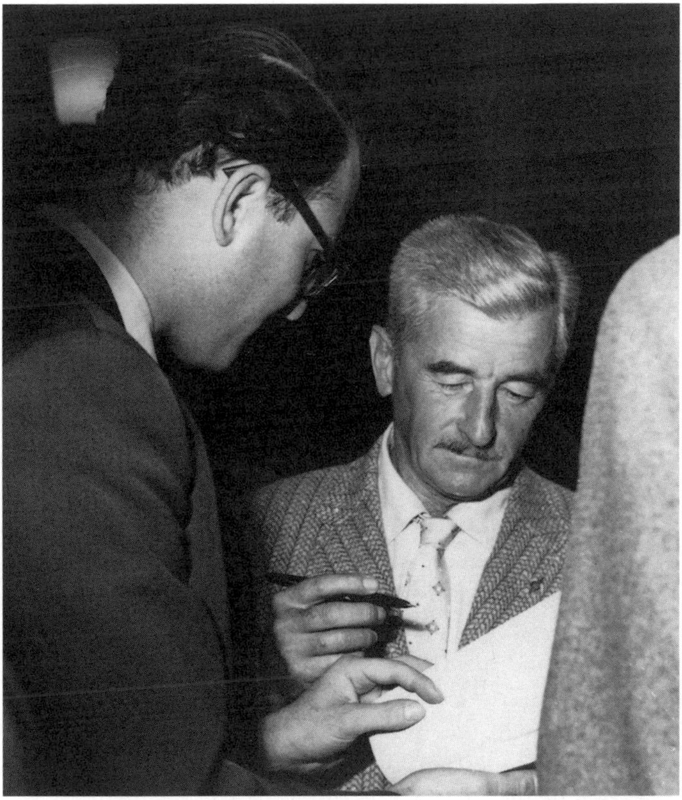

Farmer und Poet dazu: Literatur-Nobelpreisträger William Faulkner in München.

»Ich glaube an die Persönlichkeit und die Fähigkeit des Menschen, zu überleben, was er geschaffen hat, auch die Maschine und den Krieg.«

Ob er die Entwicklung zu einem »1984« für unaufhaltsam halte?

Nein, dazu gäbe es zu viele Individuen, die rebellieren würden, und zwar mit Erfolg. Das Individuum sei auf die

Dauer zäher als der Druck des Totalitarismus, der letztlich an ihm scheitern werde.

Dann die unvermeidliche Frage: »Wie stehen Sie zur modernen Malerei?«

Der erneute Griff in die Tasche bleibt im Ansatz stecken.

»Ich weiß wenig von Bildern«, sagt der Gast, »ich bin Bauer und lebe in einer Gegend, wo es weder Bilder noch Museen gibt.«

Ganz still ist es geworden. Ein wenig verlegen läßt der beflissene Dolmetscher das englische »Farmer« unangetastet. Doch der Bauer, der da steht und um die Freiheit seiner individuellen Scholle streitet, läßt sich nicht wegübersetzen. »Noch weitere Fragen?«

Entmutigt von den unergiebigen Antworten des Gastes, schweigen die zuvor so Fragebegierigen. Faulkner ist es zufrieden. Er holt aus der rechten Jackentasche Pfeife und Streichholzschachtel, aus der linken einen Tabakbeutel und stopft sich gemächlich die Pfeife.

Dann flüstert er dem Amerikahaus-Direktor etwas ins Ohr. Der zuckt die Achseln. Wahrscheinlich kennt auch er nicht den neuesten Stand der Getreidepreise.

Vielen Dank. Die Pressekonferenz ist beendet.

Alle diese Sachen...
Jürgen von Manger

Adolf Tegtmeier sitzt da und weiß nicht, wo er mit seinen Händen hin soll. Denken mag er sich: Will mich dieser Journalist, der gerade eine Polemik gegen die rundum schießenden Allerweltskabaretts geschrieben hat, ebenfalls in die Pfanne hauen? Dabei gefällt mir dieser Jürgen von Manger, weil er ohne jeden politisch-polemischen Anspruch vor sein Publikum tritt und dennoch die Zeit aufs Korn nimmt. Ich sag's ihm, aber er scheint noch zu zweifeln.

Also, dann rein ins kalte Wasser!

»Wie kommt es eigentlich«, frage ich ihn, »daß noch keiner vor Ihnen auf den Dialekt des Ruhrpotts als Vehikel für Satirisches gekommen ist?«

Bei der Bescheinigung des Satirischen in seinen Vorträgen gewinnt er Zutrauen.

»Ich glaube, das liegt gar nicht am Dialekt. Die Leute sagen mir zwar oft: ›Wir haben ja so viel Spaß an Ihrem Kumpeldeutsch‹ und merken dabei gar nicht, daß sie sich über ganz andere Sachen freuen, nämlich über die wilden Assoziationen des kleinen Mannes. Die Ruhrsprache ist ja nur das äußere Kleid dieser Kleine-Leute-Psychologie, die es doch in jedem Dialekt gibt.«

»Auch im bayerischen?«

»Freili, freili«, bestätigt Herr von Manger so echt, daß die Kellnerin sich umschaut. Wir sitzen an diesem sonnigen Oktobertag des Jahres 1966 im Spöckmeier und essen Schweinswürstel.

»Wie kommen Ihre Geschichten zustande?«

»Alles, was ich ausspreche«, sagt er, »habe ich irgendwo irgendwann einmal gehört. Ährlich. Zuerst habe ich mit meinem Kollegen Wolfgang Wahl am Gelsenkirchner Stadttheater, wo wir engagiert waren, Gespräche improvisiert. Zum Beispiel haben wir einmal eine ganze Nacht nach der Vorstellung Scharnow-Reisende gespielt. Ich war der Nervtöter, der schon mal mit war und alles vorher ausplaudert. Etwa so: ›Morjen sin wer in Besançon, nä? – Uhrenstadt. Da gibt's wahrscheinlich nur 'nen Freßkorb, muß ma gleich den Sedlmeyer fragen, der hat immer die Liste.‹«

»Darf ich das mitschreiben?« unterbreche ich.

»Klar, ich schenk's Ihnen.«

Das Eis ist gebrochen.

»Und weiter?«

»›Hinterher is dann Wiedersehenstreffen, nä? War vorjet Jahr in Köln, diesmal wollen se't wahrscheinlich in Hamburg machen. Wär schad', aber ich hab' 'nen Kollejen, der fährt öfter mal rauf, vielleicht kann der mich mitnehmen.‹ Das war meine allerbeste Nummer, ich hab' aber leider alles wieder vergessen.«

Wir werden diesen Torso der Nachwelt überliefern.

»Und wie hat man Sie entdeckt?« (Die Geschichte dürfte inzwischen bekannt sein, aber lassen wir Herrn Tegtmeier sie nochmals erzählen):

»Wolfgang Wahl und unsere Kollegin Fita Benkhoff haben heimlich von meinem Gerede Bänder mitgeschnitten und sie dem Unterhaltungschef vom NDR vorgespielt. Der hat gleich zugegriffen und sie zu Silvester im Hörfunk gesendet.«

»Gehörte dazu auch schon der ›Schwiegermuttermörder‹?«

»Ja, das war sogar der Clou.«

»Ährlich!«: Jürgen von Manger alias Adolf Tegtmeier in »Tote Fische im Rhein«.

»Woher haben Sie denn Ihre Kenntnisse, daß Sie die Gerichtsverhandlung so sachverständig gestalten konten?«

»Ich habe 1954 bis 1958 während meiner Schauspielerzeit, meiner Familie zuliebe, in Köln und Münster sechs Semester Jura studiert. Und da hat mich mal ein Kollege,

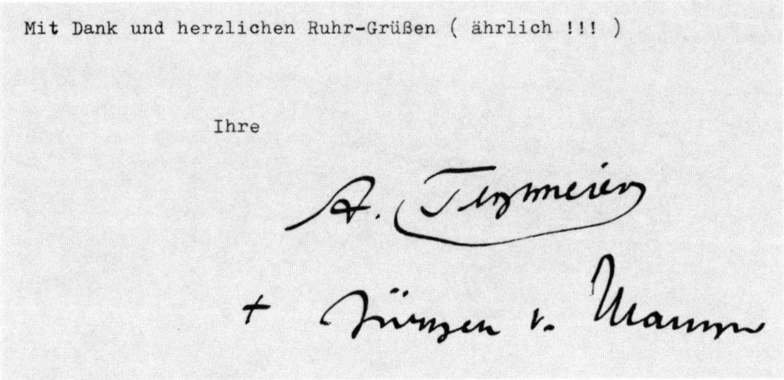
Mit Dank und herzlichen Ruhr-Grüßen (ährlich !!!)

Ihre

A. Tegtmeier

+ Jürgen v. Manger

Unterschrift eines Briefes von Jürgen von Manger und seinem Alter ego an den Autor aus dem Jahr 1966.

ein Chorsänger, gefragt: ›Manger, Sie haben doch ‘n bißken Ahnung von diese Rechtssachen, nä? Ich muß nämlich morjen vor Gericht. Ich hab’ da ‘n Mensch totjefahren.‹ Ihm war am Neujahrstag ein volltrunkener Rentner mit 2,6 Promille in sein Goggomobil reingerannt und war ›totjejangen‹. Nun stand der Kerl, der Chorsänger, ohne Rechtsbeistand (›Die Kollejen ham alle jesacht, ich soll mir kein’n nehmen, die wär’n alle so teuer, und der Fall is doch klar, nä?‹) vor einem bösen, alten, rotgesichtigen Amtsrichter, der alle entlastenden Zeugenaussagen gegen den Angeklagten kehrte. Da hab’ ich mich im Zuschauerraum zu Wort gemeldet. Junge, da hat der aber Krach gemacht! Aber weil ich etwas ›dem Recht Dienliches‹ zu sagen hatte, hat er eingelenkt.«

»Ihr Bruder, Herr von Manger, ist ein bedeutender Arzt, Ordinarius an der Freien Universität Berlin. Man sagt, er ärgere sich immer, wenn die Kollegen sagen: ›Ach, Sie sind der Bruder von dem berühmten Jürgen von Manger.‹«

»Mein Bruder ärgert sich bestimmt nicht, weil er in seinem Beruf nicht so bekannt wäre wie ich in meinem, sondern weil auch er ein herrlicher Mundartimitator ist. Sie hätten mal hören sollen, wie er als Leiter der hessischen Gesundheitsbehörden die Landtagsabgeordneten nachgemacht hat. Einfach dufte!«

»Können Sie auch Hessisch?«

»Abe sische.« (Und Manger frankfurtert drauflos, daß es eine Lust ist.)

»Und auch Wienerisch, der Herr, wenn's gefällig ist.«

»Danke, ich glaub's Ihnen. Und Dank für – alle diese Sachen.«

Jetzt blinzelt mir Herr von Manger so warmherzig zu wie einer, dem ein Stein von der Seele gekullert ist.

»Hat mich gefreut. Ährlich! – Bis die Tage!«

Und verpaßt mir als Ritterschlag zwei Freikarten für seinen Abend im Kongreßsaal des Deutschen Museums.

»Ein Freund, ein guter Freund...« Werner Richard Heymann

Warum mir Werner Richard Heymann als Interviewopfer durch die Lappen ging, weiß ich bis heute nicht. Schon als Kind hatte ich seine Evergreens geträllert, kaum daß sie zu grünen begonnen hatten: »Das gibt's nur einmal, das kommt nicht wieder« oder »Hoppla, jetzt komm ich«, »Ein Freund, ein guter Freund« oder »Das ist die Liebe der Matrosen«, das uns in der Volksschule sogar unser Musiklehrer heimlich auf der Geige vorgespielt hatte, denn es stand nicht im Lehrplan.

Ein Jahr später war auch der Komponist aus dem nationalen Lehrplan gestrichen worden. Heymann ging nach Paris, wo er dank dem Umstand, daß seine »Liebe der Matrosen« zur inoffiziellen französischen Nationalhymne avanciert war, eine Weile leben und komponieren konnte. (Beim Einzug des Generals de Gaulle in Paris im August 1944 sollte sie von der begleitenden Militärkapelle ganz offiziell gespielt werden.) Bald darauf ging er nach Hollywood und komponierte dort mehrere Lubitsch-Filme, wie »Ninotschka« und »Sein oder Nichtsein«. Anfang der fünfziger Jahre war Werner Richard Heymann also heimgekehrt, nicht nach Berlin, sondern dankenswerterweise nach München.

Als die »Kleine Komödie« im Januar 1952 eine Dramatisierung des Romans »Professor Unrat« von Heinrich Mann durch Erich Ebermeyer herausbrachte, schrieb Heymann, wie weiland sein Kollege Friedrich Hollaender (siehe Seite 148) für den aus der gleichen Wurzel gespros-

»Das gibt's nur einmal, das kommt nicht wieder«: Werner Richard Heymann, Komponist zahlloser Film-Evergreens der zwanziger und beginnenden dreißiger Jahre.

senen »Blauen Engel«, die Chansons. Und siehe da: So mäßig das Stück trotz hervorragender Besetzung (Mady Rahl als Lola Lola, Carl Wery als Unrat, Trude Hesterberg und Bum Krüger als Schmierendirektoren-Ehepaar) geraten war, so brillant sprudelten Heymanns Chansons über die Rampe. So daß ich meine Rezension der Aufführung mit dem Wortspiel: »Mehr Hey- als Mann« überschrieb.

Wenig später sprach mich Werner Richard Heymann in der Halle des »Bayerischen Hofs« an. Er habe sich ob der Überschrift gekullert. So entstand eine Freundschaft, die durch kein Interview je getrübt werden sollte und doch reich an wahren Anekdoten war.

An Heymanns Seite saß eine bildhübsche junge Schauspielerin mit dem Vornamen Elisabeth, die er bald darauf heiratete. Ihr zur Huldigung hatte er ein Lied geschrieben und komponiert, dessen Refrain lautete: »Elisabeth, Elisabeth, ach, komm mit mir ins Isarbett!« Es zu spielen, lehnte der Bayerische Rundfunk wegen Sittenwidrigkeit ab. So streng waren dort damals die Bräuche.

Dieser Ehe des Mittfünfzigers Heymann und seiner dreißigjährigen Frau entsproß ein Töchterchen, das er nach einer seiner Musicalfiguren »Kiki« nannte. Als Theo Lingen ihm einmal voller Stolz Fotos seiner Enkelkinder zeigte, holte Heymann das Bild seiner Kiki hervor und sagte: »Schau, Theo, ich mach' mir meine Enkel selber.«

Wie alle ausgebürgerten Emigranten mußte auch Heymann ein Gesuch auf Rückgabe seiner deutschen Staatsbürgerschaft stellen. Die Zeremonie im Münchner Rathaus wuchs sich zu einer reinen Faschingsgaudi aus. Von der Antrags-Prüfungskommission gefragt, ob er ein deutsches Volkslied vortragen könne, sang der Antragsteller a capella »Das gibt's nur einmal, das kommt nie wieder«. Frenetischer Applaus der Kommissionsmitglieder; die Wiedereinbürgerung war vollzogen.

Auf dem Rückweg von den Dreharbeiten zu dem Film »Heidelberger Romanze« mit O. W. Fischer und Liselotte

Pulver, zu dem Heymann die Chansons geschrieben hatte, kehrten Werner und Elisabeth Heymann in Dinkelsbühl in dem berühmten Hotel »Deutsches Haus« ein. Beflissen unterbreitete der Wirt dem erlauchten Gast das Gästebuch. Gleich auf der ersten Seite fand dieser den Eintrag:

»Die Juden sind unser Unglück.
Julius Streicher.«

Also war auch der einstige Nazi-Gauleiter von Nürnberg und Herausgeber der antisemitischen Hetzschrift »Der Stürmer« hier abgestiegen.

Der Ehrengast zückte seinen Füller und schrieb:

»Siehe Seite eins:
Den gab's nur einmal, der kommt nicht wieder,
doch tausend Streicher spielen meine Lieder.
Werner Richard Heymann.«

Einmal indessen war die Schlagfertigkeit auf seiten seines Gesprächspartners. Das geschah, als Heymann mit seinem Kollegen Franz Grothe zusammensaß, der vor, in und nach der Nazizeit ebenfalls unzählige Film-Evergreens komponiert hatte. Heymann: »Sage mal, Franz, fällt dir bei deinem Schlager ›Schau nicht hin, schau nicht her, schau nur gradeaus‹ nichts auf?«

»Nee, Werner, wat denn?«

»Na, daß die Refraintakte fast genau meinem ›Irgendwo auf der Welt gibt's ein kleines bißchen Glück‹ entsprechen.«

Da half kein Abstreiten, sondern nur die Flucht nach vorn.

»Also, weeßte, Werner«, ergriff Grothe sie, »du hast ja recht. Aber ick dachte mir: Mensch, der Werner, der hat's jeschafft, der sitzt in Hollywood und kommt nie wieder.«

Ein Kindheitsidol verblaßt: Grock

Erinnerungen wurden wach, Erinnerungen an ein Stück shakespearischer Komik in der seligen Berliner »Scala«, in die mein Vater seinen Jungen mitnahm, weil dort garantiert Jugendfreies geboten wurde, und Spannendes und Lustiges dazu. Zum Beispiel Grock mit seinem langgezogenen »Nit mööööglich!«. Wer von den Nachgeborenen Charlie Rivel für den größten Clown unseres Jahrhunderts hält, der kann Grock nicht gesehen haben. Ein philosophischer Spaßmacher von hintersinniger Drolerie in Dur – im Gegensatz zu Karl Valentins grotesker Grimmigkeit, jedoch ihm ebenbürtig.

Nun saß er leibhaftig vor mir und sprühte vor Witz und Spaßigkeit, voll Wärme und Verschmitztheit, daß ich kaum zum Fragen kam. Vollführte ungeachtet seiner siebzig Jahre seinen berühmten Sprung aus dem sitzlosen Stuhl rückwärts auf die Stuhllehne. Und erzählte von seiner vierzigjährigen Odyssee als Musical-Clown durch alle Kontinente, die ihn in diesem und dem vorangegangenen Jahr nach längerer Pause wieder nach Hamburg, Berlin, Köln und Frankfurt und jetzt nach München geführt hatte. Mit seinem eigenen Zirkus.

Man wußte: Er hatte Millionen gerafft, konnte aber mit Geld nicht umgehen. Mehrmals hatte er sich zur Ruhe gesetzt, mehrmals sein ganzes Erspartes verloren und notgedrungen wieder angefangen, sehr zur Freude seiner zahllosen Verehrer in aller Welt. 1929, mit fast fünfzig, hatte er sich mit einem akustisch unzureichenden Tonfilm über

»Nit mööööglich!«: Der berühmte Musical-Clown Grock, ein philosophischer Spaßmacher voll hintersinniger Drolerie.

sein Leben finanziell ausgeblutet, nach dem Kriege hatte ihm die italienische Inflation den letzten Pfennig geraubt – er hatte sich in ein kitschiges Schlößchen an der italienischen Riviera zurückgezogen. Jetzt sagt er lächelnd, weise und etwas traurig: »Ich werde wohl auftreten, bis ich krepiere.«

Dann erzählt er, wie er 1942, mitten im Kriege, in 28 Berliner Lazaretten für deutsche Verwundete gespielt habe, und daß er von Hitler und Goebbels deren Fotos mit eigenhändiger Unterschrift besitze.

Mir wird ein wenig unbehaglich. Was soll ich dazu sagen?

»Haben Sie die Bilder noch?« frage ich matt.

»O ja«, sagt Grock. Und fügt verschmitzt hinzu:

»Was meinen Sie, was die heute für einen Wert haben – für die Amerikaner.«

Geld stinkt nicht, denke ich, und so manchem die Nazis offenbar auch nicht. Na ja.

Er schaut mich an wie einen alten Freund; fast zerfließe ich nun doch vor Rührung, als er mir einen Gutschein für zwei Freikarten für die morgige Abendvorstellung in die Hand drückt.

Morgen früh steht das Interview im Blatt. Nur Positives als Tribut an die Kindheitserinnerungen.

Als ich abends an die Zirkuskasse auf der Theresienwiese komme und meinen Gutschein einlösen will, schaut mich vermiest und übellaunig der Kassierer an, reißt mir den Gutschein aus der Hand und steckt mir widerwillig mit bösem Blick und ohne jedes Wort die Karten zu: Herr Grock persönlich. Wozu noch Freundlichkeit? Das Interview ist erschienen. Also...

Der Zirkus ist halb voll, das Programm weniger als mittelmäßig. Grock tritt auf, der alte Charme, die alte Güte, die alte philosophische Menschenfreundlichkeit sind wieder da, nur daß sein Auftritt durch die dünnen Stoffwände des Zeltes akustisch verweht, verhallt, ins Leere geht.

Ein Symbol? Wie auch immer: Ein Stück meiner Jugend ist ausgelöscht. »Nit möglich?« Leider doch.

Kurze Antworten sind auch keine Antworten

John Steinbeck

Anfang Juli 1954 kam der amerikanische Schriftsteller John Steinbeck zu Verhandlungen mit dem Sender Freies Europa nach München. Ich kannte den Autor der »Früchte des Zorns« und der »Straße der Ölsardinen« als engagierten Sozialkritiker.

Aber schon damals schien er auf die schiefe Ebene des übersteigerten Patriotismus geraten zu sein. Später sollte er dann ein enragierter Befürworter des US-Krieges in Vietnam werden. Doch diese Wandlung spürte ich damals nur atmosphärisch.

Nach kurzer Begrüßung auf dem Münchner Hauptbahnhof bestellte er mich für 19 Uhr ins Hotel »Vier Jahreszeiten«. In einer Mischung aus Devotion und Arroganz meldete mich der Portier telefonisch an. »Mister Steinbeck erwartet Sie!«

Als ich die Zimmertür öffnete, stand der große John Steinbeck in langen Unterhosen vor dem Spiegel und band sich mühevoll die schwarze Smokingfliege um den Kragen. Trocken fragte er mich, was ich von ihm wissen wollte. Mir verschlug es gelinde die Sprache. Das Dümmste, was mir einfiel, war:

»Was gefällt Ihnen in München am besten?«

Antwort: »Just Munich.«

Frage: »Schreiben Sie gegenwärtig an einem neuen Roman?«

»Antwort: »Ich schreibe immer.«

Frage: »Wieviel haben Sie davon bereits fertig?«

Antwort: »Noch keine Zeile.«

»Ich schreibe immer!«: John Steinbeck 1954 in München im Gespräch mit dem Autor.

Frage: »Wie wir hören, haben Sie den Auftrag, ein Opernlibretto zu schreiben. Stimmt das?«

Antwort: »Ja.«

Frage: »Und wie heißt diese Oper?«

Antwort: »Gar nicht. Ich mache aus dem Stoff einen Roman.«

Der Binder ist nun endgültig um den Hals gewürgt, die Hose angezogen.

»Warum?« frage ich.

Er, das Smokingjackett anziehend: »Es fällt mir leichter.«

»Na, dann...«, sage ich, alle Hoffnung fahrenlassend und dennoch nicht auf ein abruptes Ende des Gesprächs gefaßt.

»Well...«, sagt Steinbeck. »It was a pleasure.«

»The pleasure was mine«, heuchle ich zurück.

Es war Donnerstag, das Interview sollte noch in die Freitagsausgabe.

Aber es war kein »Wonniger Donnerstag«. So sollte ein Jahr später der deutsche Titel jenes zum Roman umgeschriebenen Librettos lauten.

Ein »Weltbürger wider Willen« und seine Frau

ERICH MARIA REMARQUE und PAULETTE GODDARD

Ein schwarzer Sportwagen wie dieser Jaguar auf dem Parkplatz des »Bayerischen Hofes« mußte im Jahre 1954 noch auffallen. Mir jedenfalls fiel er auf. Ich wußte nicht, wem er gehörte, noch, daß er zwei Besitzer hatte, die ihn abwechselnd fuhren, einander aber öffentlich ignorierten. Bis ich Erich Maria Remarque fragte, was er denn so in München treibe.

»Nichts Besonderes«, erwiderte er, »wir machen nur ein bißchen Urlaub.«

»Wir?« fragte ich und entschuldigte meine Taktlosigkeit mit meinem Status als Reporter, der seine Nase von Berufs wegen leider in schier alles zu stecken habe.

Remarque grinste. Er schien Vertrauen zu mir zu haben.

»Schauen Sie mal links hinter sich«, riet er mir. Zwei Tische weiter saß mit der Schulter zu uns eine bildschöne Frau.

»Kennen Sie sie?« fragte ich.

»Natürlich, sehr gut sogar. Wir sind sozusagen ein Paar.«

»Donnerwetter«, platzte ich heraus. »Darf ich das schreiben?«

»Warum nicht? Wenn Ihr Artikel erscheint, sind wir sowieso über alle Berge.«

»Und wer ist die Dame?«

»Paulette Goddard.«

»Was denn, der berühmte Filmstar?«

»Ja.«

»Ihre Frau?«

»Das bleibt Ihrer Phantasie überlassen. Paulette war zehn Jahre mit Charlie Chaplin verheiratet, ohne daß dies jemand herausbekommen hätte. Warum also sollte es bei mir anders sein?« Es juckte mich, den berühmten Autor zu verlassen und die noch berühmtere, weil weltweit sichtbare Schauspielerin zu interviewen. Doch das Feuilleton wollte nun mal den Schriftsteller.

Fabelhaft sah er aus, der Autor großer Zeitromane wie »Im Westen nichts Neues« oder »Arc de Triomphe«, ein Mann für Frauen. Marlene Dietrich hatte ihn geliebt und nach einigen anderen nun auch Paulette Goddard.

Jetzt steht sie gerade auf und zieht den Autoschlüssel aus der Handtasche. Mich reißt es, mich von ihm loszureißen... Na schön, dann eben endgültig Remarque.

Er wahrt Distanz, läßt sich die Würmer aus der Nase ziehen. Ob es denn stimme, wie es in der Presse geheißen habe, daß er das Drehbuch zu einem Hitler-Film schreibe, den der Regisseur G. W. Pabst drehen will?

»Nein«, wehrt er ab, nicht recht überzeugend. Wohl hätten Pabst und er über das Thema diskutiert, aber den Plan wieder fallengelassen.

»Ich habe noch nie ein Drehbuch geschrieben«, windet er sich – mit Recht, wie die Filmgeschichte erweisen sollte –, »weder zur Verfilmung von ›Im Westen nichts Neues‹ noch zu ›Triumphbogen‹. Und das Hitler-Thema ist ja auch so furchtbar schwierig, auch wüßte ich nicht, woher ich die Zeit dazu nehmen sollte.«

(Remarque war dann an dem Drehbuch zumindest beteiligt. Der im Jahre 1955 herausgekommene Film hieß »Der letzte Akt«, war ein Schauerdrama über die letzten Tage in der Reichskanzlei mit dem augenrollenden, zähnefletschenden Albin Skoda und nannte als Drehbuchautor »Fritz Habeck, nach einer Filmnovelle von Erich Maria Remarque«.)

Remarque verrät, daß er zweihundert Seiten eines neuen Romans fertig habe, der zu Anfang der zwanziger Jahre in Deutschland spiele. »Etwas Leichtes diesmal, vielleicht sogar etwas Heiteres wird es sein. Außerdem arbeite ich zur Zeit an einem Theaterstück.«

Sensationell! Der Romancier schreibt ein Stück! Sogleich wiegelt Remarque ab. »Als Zwanzigjähriger habe ich ein paar Stücke verbrochen, aber nach ›Im Westen nichts Neues‹ wurde ich unentwegt gedrängt, in der Art weiterzuschreiben, und so bin ich nie zum Stückeschreiben gekommen. Vielleicht kann ich's auch gar nicht.«

Jedenfalls sollten seine Stücke nie ins helle Rampenlicht geraten.

Aus dem Archiv wußte ich, daß Remarque sich 1931 in seine Villa bei Ascona in der Schweiz zurückgezogen hatte, um ein neues Buch zu schreiben (»Der Weg zurück«), und sicherheitshalber gleich im Exil geblieben war, nachdem Goebbels auch seine Bücher öffentlich hatte verbrennen lassen. Was den Propagandaminister später nicht hinderte, seine Fühler nach ihm auszustrecken, um den »rein arischen« Schriftsteller zurückzugewinnen. Der aber sagte nein, ging nach Frankreich und bei Kriegsausbruch in die USA.

Ob denn die Anekdote stimme, frage ich ihn, wonach er auf den vermeintlich letzten Trumpf des Goebbels-Abgesandten, »Haben Sie denn kein Heimweh?«, geantwortet haben soll: »Wieso, ich bin doch kein Jude?«

Remarque lächelt schütter und nickt. Dann sagt er: »Sicher ist es hart, aus seinem Lande wegzugehen, auf einmal

Erich Maria Remarque, Autor großer Zeitromane wie »Im Westen nichts Neues« oder »Arc de Triomphe«, 1958 mit seiner Frau, der Schauspielerin Paulette Goddard.

abgeschnitten zu sein von seinen Wurzeln.« Und nennt sich einen »Weltbürger wider Willen«. Und, als verstehe der Hiergebliebene nicht ganz, fügt er hinzu:

»Sehen Sie, das ist wie mit dem Rauchen. Wenn man es sich abgewöhnt, gibt es einem einen Schock. Nach und nach gewöhnt man sich daran. Man raucht eben nicht mehr. Das ist alles.«

Abrupt fasse ich mir ein Herz:

»Wissen Sie vielleicht, wann Frau Goddard zurückkommt?«

»Keine Ahnung. Sicherlich erst spät abends.«

»Und morgen früh fahren Sie beide wieder nach Ascona?«

»So ist es.«

(Verdammt, wie kriege ich das Interview?)

»Kommen Sie und Frau Goddard in der Schweiz nicht Charlie Chaplin in die Quere?«

»Kaum. Wir sitzen an zwei verschiedenen Seen, Chaplin am Genfer See, wir am Lago Maggiore. Und dazwischen sind die Berge zu hoch.«

Ich bedanke mich, verabschiede mich, rassele das Interview in die Schreibmaschine und fetze ins Archiv. Finde über die Goddard alles, was ein Boulevardblatt so braucht: die vielen Ehen, die vielen Scheidungen, die vielen Entschädigungen und die vielen Juwelen zwischendurch. Erfahre, daß sie vor Raffgier stinkt. Und daß sie stets den Rat ihrer Mutter befolgt hat: »Kind, kauf dir Juwelen niemals selber, das bringt Unglück.« (Was die Klatschkolumnistin Hedda Hopper giftig mit den Worten kommentierte: »Und so kam Paulette allmählich zur größten Schmucksammlung der USA.«)

Also, eine glückliche Frau.

Klar, daß der Artikel über die Goddard doppelt so lang wird wie das Live-Interview mit Remarque, so lang, daß die *Abendzeitung* ihn platzmäßig nicht verkraften kann und er in der *Sonntagspost* erscheint.

Schwierige Befragung eines Naturfreundes
Carl Zuckmayer

Zuerst hatte er sich »eine bösartige Grippe geholt«, weshalb er »kein Wort sprechen« konnte und das Interview absagen mußte. (Diesem Umstand verdanke ich immerhin einen entsprechenden handgeschriebenen Brief.) Dann mußte er zum Lesen nach Würzburg und am darauffolgenden Tag zu einer Lesung der Internationalen Jugendbibliothek in München.

Seit seiner Rückkehr aus dem amerikanischen Exil war Carl Zuckmayer in Deutschland wieder ein vielumworbener Mann. Als er Zeit für mich hatte, wollte ich ihm viele Fragen stellen. Sein Stück »Des Teufels General« sollte verfilmt werden (und wurde es vier Jahre später auch), ebenso seine »Barbara Blomberg«; seinen »Gesang im Feuerofen«, ein Stück aus dem französischen Widerstand, hatte er soeben beendet; außerdem spielte er mit dem Gedanken, den Eulenspiegel-Stoff zu dramatisieren. (Auch daraus wurde nichts.)

»Gehen wir doch ein Stückchen spazieren«, schlug Zuckmayer vor, als ich ihn im Hotel »Vier Jahreszeiten« aufsuchte. Ich steckte meinen Notizblock in die Tasche und folgte ihm über die Maximilianstraße, vorbei an den Trümmern der Staatsoper, in den Hofgarten.

»Ist Ihr ›Gesang im Feuerofen‹ wieder ein politisches Stück wie ›Des Teufels General‹?«, wollte ich wissen.

»Ja und nein«, antwortete er sibyllinisch und deutete auf den Rasen: »Schauen Sie doch, wie schön die ersten Krokusse plötzlich aufblühen.«

Klebender Nachruhm: Porträt des Dramatikers Carl Zuckmayer auf einer Sonderbriefmarke zu seinem 100. Geburtstag am 27. Dezember 1996.

»Sehr hübsch«, sagte ich und holte meinen Notizblock hervor.

»Und das da« – Zuckmayer deutet nach oben – »ist wohl ein Bussard. Oder irre ich mich? Vielleicht doch ein Sperber?«

»Das weiß ich leider auch nicht. Aber nun zum ›Gesang im Feuerofen‹: Wie würden Sie das Stück beschreiben?«

»Es handelt von Menschen, die, im deutsch-besetzten Frankreich vom Feuertod bedrängt, unbeirrt den Schöpfer loben. Es basiert auf einer Zeitungsnotiz aus dem Jahre 1943, aber es ist kein politisches Stück, es ist ein Menschenstück...«

»Schauen Sie doch...«, unterbrach er sich, während ich mühsam im Gehen seine Antwort auf den Block kritzelte.

»Ja, bitte?«

»Schauen Sie doch, wie elegant dieser Vogel im Gleitflug über dem Pavillon schwebt!«

»Tatsächlich«, sagte ich zustimmend, indes der Vogel hinter der Galerie am Nordrand des Parks verschwand. »Aber nun zu Ihrer ›Barbara Blomberg‹. Das Stück ist ja in Wien mit der Wessely zu einem Bombenerfolg geworden. Werden Sie es auch verfilmen?«

»Herrlich, diese Rabatten«, sinnierte Zuckmayer, bevor er mich, wie aus einem Nebel kommend, ansah und fragte: »Wie meinen Sie?«

»Ob Sie auch Ihre ›Barbara Blomberg‹ verfilmen werden?«

»Ach so, ja«, faßte sich der Dichter. »Es schweben Verhandlungen mit der neugegründeten Paula-Wessely-Filmgesellschaft in Wien. Man beabsichtigt, daraus einen Farbfilm mit der Wessely und Attila Hörbiger zu machen.«

Gefaßt wartete ich auf eine neuerliche Naturschwärmerei, doch Zuckmayer strebte in sein Hotel zurück. »Ich muß mich noch etwas schonen, verzeihen Sie«, sagte er. »Übrigens kuriere ich meine Grippe rein mit natürlichen Stoffen wie Minze und Salbei.«

(Deshalb dauerte sie auch so lange, dachte ich boshaft bei mir). Laut sagte ich: »Vielen Dank, Herr Zuckmayer. Wenn Ihnen noch etwas einfällt, seien Sie doch bitte so gut und rufen mich in der Redaktion an.«

»Gern. Aber im Grunde wäre das schon alles.«

Ein freundlicher, im Einklang mit der Weltenharmonie lebender Mann.

Später hörte ich von einem der vielen witzigen Aussprüche Fritz Kortners (siehe Seite 50), der sich diesmal auf seine Frau, die Schauspielerin Johanna Hofer, bezog, als sie einmal in ähnliche Naturschwärmerei verfallen war: »Zuckmayer hättest du heiraten sollen.«

Möglicherweise wäre ihr damit vieles erspart geblieben.

Ein Handwerker der Literatur
Leonhard Frank

Daß Leonhard Frank aus Würzburg gelernter Fahrradmechaniker war, merkte man seinen Romanen auf Anhieb an. Da war alles präzis gebosselt, auseinandergenommen, wieder zusammengefügt, bis alle Teile richtig saßen und der Leser freie Fahrt hatte. Kein Schräubchen, kein Wort zuviel. Nüchtern und doch voller Poesie war die quantitativ karge Ausbeute seines Dichterlebens, das »nur« 3000 Buchseiten umfaßte und 78 wechselvolle Jahre währte.

Ich lernte ihn kennen durch ein Interview und blieb ihm verbunden bis zu seinem Tod. Dieser gradsinnige Mann und redliche Schriftsteller beeindruckte mich, entsprach er doch in seiner kindlichen Naivität, mit der er an den guten Kern im Menschen glaubte, seinem Erzählungsband »Der Mensch ist gut«, den der Pazifist 1914 in seinem Schweizer Exil geschrieben hatte. Als ihm sein Schriftstellerkollege René Schickele vorhielt: »Der Titel ist gut. Ob der Mensch gut ist, bezweifle ich«, erwiderte Frank: »Er ist es, wenn man ihn läßt«. Das glaubte er bis zuletzt. Ganz im Gegensatz zu Karl Valentin, der Schickeles Verdikt später auf den Punkt brachte: »Der Mensch is gut, nur die Leit' san a G'sindel.«

Nach seiner Rückkehr aus dem zweiten Exil, den USA, 1950 nach Deutschland wurde er, der »Gefühlssozialist«, wie er sich selber nannte, in der DDR in hohen Auflagen gedruckt, während man ihm, dem Linken (nachzulesen in seinem autobiographischen Roman »Links, wo das Herz ist«), in der Bundesrepublik kaum Aufmerksamkeit

»Der Mensch ist gut«: Titel eines Erzählungsbandes von 1919 und lebenslanges Glaubensbekenntnis des Schriftstellers Leonhard Frank, hier mit dem Autor 1958 im Münchner Hofgarten.

schenkte. Als ihm die DDR zum siebzigsten Geburtstag ihren »Nationalpreis« verlieh, bei uns jedoch offizielle Ehrungen ausblieben, dachte ich mir: Na, warte!

Zugegeben, mein Plan war hinterfotzig. Ich stellte, wie es jedem Bürger freisteht, über die Bayerische Staatsregierung beim Bundespräsidenten den Antrag, Leonhard Frank das Bundesverdienstkreuz zu verleihen. Überzeugt, daß dieses Begehren abgelehnt werden, wenn nicht gar bereits in einem bayerischen Aktenordner verschwinden würde, konzipierte ich im Geist über die Nicht-Verleihung einen fulminanten Artikel in der *Abendzeitung* mit dem Tenor: »So ehrt man unsere deutschen Meister!«

Pech gehabt. Inzwischen hatte nämlich der Sozialdemokrat Wilhelm Hoegner eine Koalitionsregierung unter Ausschluß der CSU gebildet, und tatsächlich wurde Leonhard Frank feierlich in die Staatskanzlei gebeten, wo ihm der nicht ganz so linke Regierungschef den Orden um den Hals hängte.

Zum Trost für den mißlungenen Coup luden die Franks mich zum Essen ins »Halali« ein, wo Frau Charlott Frank sich den Orden vor den schlanken Hals hielt und meinte: »Würde mir doch viel besser stehen.«

Leonhard Frank fand das auch. Er liebte seine Frau mit einer pygmalionhaften Inbrunst, bildete er sich doch ein, in ihr das genaue Ebenbild der Hanna gefunden zu haben, einer Figur, die er in seinem Roman »Das Ochsenfurter Männerquartett« von 1927 erfunden hatte. Zwanzig Jahre später hat er sie geheiratet.

Übrigens übertraf Charlott Frank ihren Mann im Linkssein um Längen. Aber sie gestand mir auch, daß sie einmal ganz rechts gestanden habe, als sie nämlich mit einem Nazi verheiratet gewesen war. Die Liebe, die Liebe ist halt eine Zaubermacht.

Übrigens war Leonhard Frank ein Emigrant aus Überzeugung, nicht aus Notwendigkeit. Denn trotz seines Namens war er kein Jude, ebensowenig wie Remarque (siehe Seite 80) oder Thomas Mann (den die Nazis, aus Prestigegründen, eigentlich auch ganz gern zurückgehabt hätten).

Gleichermaßen wie dem Kollegen Remarque gebrach es Leonhard Frank denn auch an der rechten Vaterlandsliebe, auch wenn er dem alten Würzburg, seiner nun kriegszerstörten Heimatstadt, nachtrauerte. Umso kopfschüttelnder erzählte er mir von einer Episode aus dem

Jahre 1940 im französischen Internierungslager Gurs, in dem die Franzosen unterschiedlos »feindliche Ausländer« konzentriert hatten. Auf einem Podest steht ein Klosett, davor in langen Reihen die potentiellen Benützer. Vor Leonhard Frank wartet ein ehemals Münchner Jude, der erst nach seiner Entlassung aus dem KZ Dachau ausgewandert war, wo man das Problem der zügigen Entsorgung menschlichen Unrats mittels langer Donnerbalken gelöst hatte.

Plötzlich, erzählte Frank, sei dem Mann der Geduldsfaden gerissen, und er habe seinem Unmut über diese Zustände im Brustton deutscher Überzeugung mit den Worten Luft gemacht: »Bei uns in Dachau wäre eine solche Schweinerei nicht möglich gewesen!«

Übrigens: Aus ähnlichen Gründen nennen die von osteuropäischen Einwanderern abstammenden Juden Israels ihre deutschstämmigen Landsleute auch gern »die Beiuns«.

Ein Interview mit sich selbst
Egon Jameson

Egon Jacobsohn, einer der originellsten Berliner Reporter der zwanziger Jahre, hatte den Krieg in England überlebt. Nach 1945 wurde er als Egon Jameson Chefreporter der in München erscheinenden, amerikanisch-deutschen *Neuen Zeitung*. Witzig von Natur, rastlos von Berufs wegen, gesegnet mit treffender Berliner Schnauze und knackiger Schreibe, spezialisierte er sich nun auf Justizfälle, deren Opfer er für zu Unrecht verurteilt hielt – und erwirkte in vielen Fällen die Wiederaufnahme. In der Lehrredaktion des Werner-Friedmann-Instituts wurde er mein Lehrer. So schallend lachend habe ich den Journalismus (und sonstig Nützliches) bei keinem anderen Lehrer gelernt.

Außerdem verfügte Egon Jameson über eine heutigen Journalisten zumeist abhanden gekommene Tugend, nämlich jeden Brief persönlich zu beantworten.

So bedankte er sich 1965 auch prompt für meine Glückwünsche zu seinem 70. Geburtstag mit ulkigen, ehrlich gemeinten Komplimenten. Im zweiten Absatz schrieb er: »Und nun kommt die Strafe: Erpressen Sie doch Ihre hundert intimsten Freunde, von denen Sie was wissen, daß sie alle am Sabbath, den 30. Oktober, in meinen Vortrag ›Wenn ich mich recht erinnere‹ in der ›Kleinen Freiheit‹ kommen! Niemand braucht zuzuhören, nur den Platz besetzen, das ist von Bedeutung. Wenn gelacht werden muß, hebe ich rechtzeitig ein wenig die Hand.«

Ich schlug ihm vor, ich würde der Einfachheit und der Sicherheit halber die Veranstaltung in der *Abendzeitung* anzeigen und ein Interview hinzufügen, das er am besten selbst mit sich machen sollte. Denn wer könnte es besser!

Hier nun das Interview, das Egon Jameson im Oktober 1965 mit sich selber führte und bei dem ich die Statisterie mit dem öden Drängen auf den Schluß übernahm:

»Und um zum Schluß zu kommen...«

»Ich bin ja auf den Vortrag sehr neugierig. Ich habe keine Ahnung, was ich aus meinen Anfängen bei Ullstein erzählen werde... wie ich mir einen Garderobenschrank erobern mußte, weil junge Journalisten keine Garderobe...«

»Und um zum Schluß zu kommen...«

»Und wie ich beim Chefredakteur der *Vossischen Zeitung* einbrach und Herr Ullstein sagte: ›Machen Sie das doch bei meinem Bruder auch mal‹... und wie...«

»Und um zum Schluß zu kommen...«

»Ich bin nämlich im Ullsteinhaus in Berlin in der Kochstraße zur Welt gekommen... im wahren Sinne des Wortes... und habe wirklich nichts dazugelernt, wahrhaftig nicht, weil es für ein glückliches Leben ausreicht, an diesem historischen Platze... es war eine Damentoilette, ich meine, die später, als das Verlagshaus gebaut wurde, dahin kam, und da durfte ich später nur sonntags hin, wenn keine Damen im Dienst waren, und...«

»Und um zum Schluß zu kommen...«

»Damals gab es noch keine Chefreporter, jedenfalls keine unter 75... und wenn wir in der *BZ am Mittag*, die wir in vierzig Minuten oder kürzer druckten, eine Sensation...«

»Und nun, um endlich zum Schluß zu kommen... möchte ich...«

»Alles, was vor dreißig Jahren geschehen ist, ist immer in der Goldenen Zeit. Dabei hatten wir uns auch schon damals krumm geärgert, wenn... wir hatten doch noch kein Radio... und kein Fernsehen... und keinen Strauß... nur den Richard und den Oscar... und mein Vortrag wird nur 90 Minuten dauern… und etwa drei Stunden Inhalt haben. Niemand braucht zuzuhören. Jeder kann inzwischen meine Bücher, oder, noch besser, Ihre Zeitung in Ruhe lesen, und wenn etwas zum Lachen kommt, hebe ich … sehr behutsam … meine Rechte…«

»Und um nun wirklich endlich zum Schluß zu kommen, möchte ich Sie…«

»Ja, das können Sie auch vor oder nach dem Vortrag tun. Ich gebe Ihnen alle notwendigen Daten aus meinem Leben. Eigenes Lob währt am längsten, denn…«

»… möchte ich Sie fragen, ob Sie jemals einen Zeitgenossen interviewt haben, der seinen Interviewer innerhalb von zwei Minuten so verwirrt hat wie Sie?«

»Ja: Hindenburg. Als ich ihm seine Wahl zum Reichspräsidenten meldete und wissen wollte, was er nunmehr empfinde, sagte der alte Herr äußerst freundlich: ›Machen Sie gefälligst, daß Sie rauskommen!‹«

CHARAKTERZÜGE – BLITZLICHTERHELLT

»Na sowas, der Klaus!«
Robert Stolz und Einzi

Robert Stolz, der Stolz der Wiener Operette bis hoch in die siebziger Jahre unseres Jahrhunderts, kehrt nach Deutschland zurück. Großer Medienrummel, freudige Gewährung eines Interviews. Rüstig plaudert der kugelige Siebzigjährige, garniert von seiner um gut zwanzig Jahre jüngeren Frau Einzi, aus seinem Leben. Dann holt er sein Erinnerungsbuch »Im Dreivierteltakt um die Welt« hervor, signiert es und drückt es mir in die Hand mit den Worten:

»Und daraus, lieber Freund, können Sie nun jeden Tag etwas über mich in der *Abendzeitung* bringen.«

Als ich Robert und Einzi Stolz nach Jahren zufällig wieder begegnete, breitete Einzi die Arme aus und rief: »Na sowas, der Klaus!«

So schlossen die Stolzens jeden Zeitungsmann, der ihnen einmal begegnete, in ihre Herzen und ihre publicitybewußten Gedächtniszellen. Es hat ihnen nicht geschadet.

»Im Dreivierteltakt um die Welt«: Der Wiener Operettenkomponist Robert Stolz mit seiner Ehefrau Einzi.

Hoppla, jetzt kommt er!
Hans Albers

Im Juli 1955 empfängt mich Hans Albers in seiner Garderobe in Geiselgasteig. Gerade dreht er unter der Regie von Harald Braun ein Remake des Jannings-Films »Der letzte Mann« von 1923. Er ist aufgekratzt und freundlich zu dem jungen Reporter, dessen Vater er aus gemeinsamen Sechs-Tage-Nächten gut in Erinnerung hat.

»Hoppla, jetzt komm ich?« frage ich, mit Bezug auf seinen großen Film-Erfolg von 1932, nach dem Charakter seiner Rolle.

»Is nich«, sagt Albers und strahlt mich aus seinen wirklich märchenhaft blauen Augen an, daß ich unwillkürlich frage: »Wieso?«

»Meine erste Rolle als oller Mann«, erläutert er. Dabei steht der Vierundsechzigjährige vor mir aufgepflanzt wie ein Kleiderschrank von vierzig Jahren und gibt sich höchst vergnügt.

»Und gar kein bißchen Liebe und so?«

»Nee, diesmal nich. Wo ich im ›Letzten Mann‹ liebe, da tu' ich's väterlich. Mein Liebling heißt Romy Schneider und ist 17 Jahre alt. Tja, da staunste, was?«

Ein paar Jahre zuvor hatte er einen Film gedreht, in dem ein bekannter Schauspieler mitwirken sollte, von dem Albers zu wissen glaubte, daß er in der Nazizeit verschiedentlich Regimegegner denunziert hätte. »Ick hab' denen gesagt«, erzählte er mir, »wenn der mitwirkt, könnt Ihr auf mich verzichten.« Er setzte sich durch. Hatte eine saubere Weste, hatte seine halbjüdische Lebensgefährtin Hansi Burg nach England geschickt und – so will es zumindest die Fama – Goebbels erklärt: »Wenn der Zinnober hier vorbei is, hol' ick se wieder.« (Was er dann auch tat.)

Auf jeden Fall war seine Verweigerung in der ausländischen Filmwelt bekannt. Als nach dem Krieg vor seinem Haus am Starnberger See (»Wenn et hier janz diesig is, und du kannst nischt mehr erkennen, fühl' ick mich wie zu Haus in Blankenese«) ein amerikanischer Jeep vorfuhr, entstiegen ihm ein Mann und eine Frau in Armeeuniform, um ihn zu begrüßen. Es waren Marlene Dietrich und Jean Gabin.

»*Die* jedenfalls wußten Bescheid«, sagte er voller Genugtuung, nachdem ihm seine Mitwirkung in einem »staatspolitisch wertvollen« Film von 1934 vorgehalten worden war.

Eine Unbestechliche
Brigitte Horney

Die Jüngeren kennen sie als »Adele« aus der Fernsehserie »Jacob und Adele«: Brigitte Horney. In den dreißiger Jahren war sie ein Ufa-Star, spielte 1940 »Das Mädchen von Fanö«, sang in dem Film »Liebe, Tod und Teufel« mit ihrer trockenen Stimme ihre akustische Kennmarke »So oder so ist das Leben«. Nach Kriegsende ging sie, todkrank, in die Schweiz, spielte dann seit 1953 bei Heinz Hilpert in Göttingen Theater und drehte ab und zu einen Film. Ein durchschlagendes Comeback gelang ihr nicht.

Ich lernte sie 1957 bei den Aufnahmen zu dem Film »Der gläserne Turm« kennen, in dem sie eine Strafverteidigerin spielte. Das heißt, kennen lernte ich sie nicht im Filmatelier, sondern im Sitzungssaal 101 des Münchner Justizpalastes. Dort verfolgte Brigitte Horney, leicht vornüber gebeugt, die Faust unters Kinn gestützt, den Prozeß gegen einen der Brandstiftung Beschuldigten. Aufmerksam studierte sie Gestik, Mimik und Rhetorik der damaligen Münchner Staranwältin Frieda Vögel-König. Das Urteil lautete auf Freispruch wegen Unzurechnungsfähigkeit des Angeklagten.

Die Horney ist sichtlich beeindruckt von der Leistung der Verteidigerin. Aber sie fügt hinzu: »Wenn man bedenkt, wie gefährlich es ist, diesen armen Menschen frei herumlaufen zu lassen, kann einem angst und bange werden.«

Das war Brigitte Horney. Der unbestechliche Blick, die Freude an der Leistung – und doch das Unbehagen an dem Rest, der immer bleibt.

Brigitte Horney mit Carl Heinz Schroth (siehe Seite 201) in der Fernsehserie »Jakob und Adele« (1982).

Mit den Nazis freilich gab es für sie kein Einerseits-Andererseits. Was sich zum Beispiel darin zeigte, daß sie am Begräbnis von Joachim Gottschalk, ihrem Partner im »Mädchen von Fanö«, zusammen mit ihrem anderen Partner, Gustav Knuth, teilnahm – entgegen dem Goebbels-Verbot, dem Schauspieler die letzte Ehre zu erweisen, der, bedrängt von Goebbels, sich von seiner jüdischen Frau scheiden zu lassen, mit dieser 1941 in den Freitod gegangen war.

Ein großer alter Visionär
NAHUM GOLDMANN

Im April 1980 durfte ich für den *stern* Nahum Goldmann, von 1949 bis 1977 Präsident des Jüdischen Weltkongresses und danach Vorsitzender der »Claims Conference«, interviewen. Der 85jährige äußerte für damalige Verhältnisse revolutionäre Ansichten. Die Politik der Regierung Begin nannte er »selbstmörderisch«. Israel und die Araber, meinte er zwölf Jahre vor den ersten Nahost-Friedens-Verhandlungen, würden Frieden machen, wenn man sie dazu zwinge. Er stehe mit dem PLO-Führer Arafat in Verbindung, halte Begin für einen Terroristen und sei dafür, sämtliche israelisch besetzten Gebiete zurückzugeben, außer Ost-Jerusalem.

Verständlich, daß der große alte Mann des Zionismus, der die Wiedergutmachungsverträge mit Bonn abgeschlossen hatte, zu Hause bei den Israelis nicht sonderlich beliebt war. Das schien ihn wenig zu bekümmern. Der Mann mit neun Pässen, Schweizer und israelischer Staatsangehörigkeit und Wohnsitzen in New York, Jerusalem und Lugano, verstand sich als Bohemien und erklärte mir frank und frei, er habe immer auf allen Hochzeiten getanzt.

»Ich bin bereit, mit Arafat zusammenzutreffen«, sagte er mir. Und wie zur Illustration der Situation erzählte er mir den alten jüdischen Witz vom Hühnchen und Hähnchen.

»Passen Sie auf: Zum Wunderrebbe von Tarnopol kommt ein Mann und sagt: ›Rebbeleben, ich hab' einen Konflikt.‹

›Was für einen Konflikt?‹ fragt ihn der Rebbe.

›Ich habe ein Hühnchen und ein Hähnchen. Eins von den beiden muß ich schlachten. Aber: Schlacht ich das Hähnchen, kränkt sich das Hühnchen. Schlacht ich das Hühnchen, kränkt sich das Hähnchen. Also, Rebbe, welches soll ich nun schlachten?‹

Lange blättert der Rebbe im Talmud und in der Thora, wiegt bedächtig sein Haupt hin und her und sagt schließlich:

›Schlachte das Hähnchen!‹

›Aber Rebbeleben, dann kränkt sich doch das Hühnchen!‹

Worauf der weise alte Rebbe spricht:

›Dann soll es sich kränken...‹

Sehen Sie«, folgerte Nahum Goldmann aus dem salomonischen Urteilsspruch, »so ist die Lage in Israel.«

Nach dem Interview durfte ich an einem Empfang für ihn im Hotel »Vier Jahreszeiten« teilnehmen. Die Stimmung war gelöst, und so wagte ich Nahum Goldmann zu fragen, ob es stimme, daß seine Sekretärin die geschiedene Ehefrau des Publizisten Joachim Fest sei.

»Das auch«, sagte er, zwei Schritte von seiner eigenen Frau entfernt stehend, »aber sie ist auch meine Freundin.«

Wie man sich damals in Journalistenkreisen zuraunte, habe sie, die etwa halb so alt wie Goldmann war, ihren Mann seinetwegen verlassen. So boshaft können Journalistenzungen sein.

»Es muß was Wunderbares sein...« MAX HANSEN

1956 befand ich mich auf einer Urlaubsreise in Skandinavien. Bei einem Besuch des Vergnügungsparks »Tivoli« in Kopenhagen fiel mir ein Plakat in die Augen: »Tivoli-Teatret – Heute ›Bezauberndes Fräulein‹!«. Das Ganze auf Dänisch, das ich nicht verstand. Doch der Name des Hauptdarstellers faszinierte mich: Max Hansen stand da. Und das weckte schlagartig Erinnerungen.

In den Zwanzigern und ersten Dreißigern war er in Deutschland in aller Ohren und in aller Munde, der rundlich kleine Mann mit den erstaunten Kulleraugen und der berückenden Buffostimme. Er war der Peter Alexander seiner Zeit, nur daß er bei allem Schmalz den Witz nicht vergaß. Und so hatte Max Hansen denn auch den Kellner Leopold im »Weißen Rößl« kreiert, der da seine Chefin ansang: »Es muß was Wunderbares sein, von dir geliebt zu werden«.

Das war 1930 gewesen. Zuvor hatte er in Max Reinhardts Inszenierung der »Schönen Helena« von Jacques Offenbach mit Bravour den betrogenen Menelaos gesungen. Doch Max Hansen sang nicht nur Operette, er sang die witzigen Schlager seiner Zeit wie, nach der Musik der Bacarole aus »Hoffmanns Erzählungen«: »Laß dir nix vom Hoffmann erzählen, der ist nicht comme il faut. Wo will sich ein Mann heut' vermählen? Alles woll'n sie nur so.« Oder: »Mein kleiner Bruder träumt von Ihnen Tag und Nacht, was ham Se bloß mit meinem Brüderchen gemacht?« Zum Verhängnis aber sollte ihm ein dummer Song mit dem Refrain »War'n Sie schon mal in mich verliebt?«

»Der Peter Alexander der zwanziger Jahre«: Max Hansen singt im Hamburger Flughafen-Restaurant den Kellnern sein Lied des Oberkellners Leopold »Es muß was Wunderbares sein« aus der Uraufführung des »Weißen Rößl« von 1930 vor (siehe auch Seite 219).

werden, in dem sich »Hitler und der kleine Cohn« im Hofbräuhaus unterhalten und der »Führer« seinen Gesprächspartner am Ende fragt: »War'n Sie schon mal in mich verliebt?« Das geschah 1924. 1933 war es dann so weit, daß Max Hansen Deutschland fluchtartig verlassen mußte.

Er ging nach Dänemark, denn er war Däne. So komisch das den Menschen, die diesen »typischen« Wiener in ihr Herz geschlossen hatten, klingen mochte: der Vater des in Mannheim geborenen Wieners war dänischer Staatsbürger, nur die Mutter wurde in Wien geboren. Daß der kleine Max in München aufwuchs, lag daran, daß die Eltern in der deutschsprachigen Welt herumgastierten, denn beide waren Künstler. Berühmt und beliebt wurde Max Hansen dann aber in Berlin.

Und nun sitze ich in Kopenhagen im Tivoli-Teatret und sehe diesen Mann, älter geworden zwar, aber immer noch alert, kulleräugig und witzig, und höre ihn in seinem weinerlichen Dänisch seinen alten Schlager »Ach, Luise, kein Mädchen ist wie diese« singen. Man stelle sich vor, Peter Alexander sänge »Drunt' in der Lobau« auf – sagen wir – holländisch. Mir kamen die Tränen, einesteils aus Nostalgie, andernteils wegen der Komik.

Wie ein Backfisch fing ich ihn nach der Vorstellung am Bühneneingang ab. Stellte mich vor, zitierte einige seiner alten Schlager – und wurde sofort zu ihm nach Hause eingeladen. Dort erzählte er mir von seiner Odyssee. Denn zu dem Völkergemisch, das in ihm wurlte, kam hinzu, daß seine Mutter jüdischer Abstammung war. Doch sein dänischer Paß erlaubte ihm, in den Jahren vor dem Kriege hin und wieder nach Deutschland zu reisen. »Als ich einmal in der Loge des Berliner Staatstheaters saß«, erzählte er, »um mir ein Stück mit Werner Krauß in der Hauptrolle anzusehen, blieb dem sekundenlang der Mund offen, als er mich erblickte.«

Mit diesen Reisen in die alte Heimat war es dann bei Kriegsausbruch vorbei. Vor der Besetzung Dänemarks durch deutsche Truppen brauchte Max Hansen als dänischer Staatsbürger allerdings nicht zu fliehen. So wurde er Zeuge einiger kleiner Heldentaten. »Da hat doch der dänische König sich, als er von der geplanten Verhaftung seiner jüdischen Untertanen erfuhr, demonstrativ einen gelben Davidstern an die Brust geheftet. Und der deutsche Botschaftsrat von Duckwitz hat der Widerstandsbewegung einen entsprechenden Tip gegeben, und die hat die Bedrohten nachts in kleinen Fischerbooten nach Schweden in Sicherheit gebracht.« Später war Duckwitz Hansens Nachbar und Freund. »Sowas«, sagte Hansen, »versöhnt einen denn auch wieder mit den Deutschen – ich meine: mit meinen Landsleuten.«

Einige Jahre später sah ich ihn wieder. In München. Im Trachtenanzug, kulleräugig und alert wie eh und je, nur noch rundlicher geworden. Er war auf dem Weg nach Bad Wörishofen. Gesungen und gespielt hat er in München nicht mehr. Nur einmal sah ich ihn in Berlin im Theater am Kurfürstendamm in dem Musical »Bei Kerzenlicht«, wo er als Partner des ebenfalls aus dem Exil zurückgekehrten Oskar Karlweis und der jungen Herta Staal sang und spielte. Zwei älter gewordene Herren mit einer putzmunteren Soubrette.

Es muß was Wunderbares sein...

Ein verbiesterter Charmeur
MAURICE CHEVALIER

Im April 1953 gastierte der französische Chansonnier Maurice Chevalier zum ersten (und letzten) Mal in München. Klar, daß die Kammerspiele ausverkauft waren.

Zuvor empfing Chevalier im Hotel »Vier Jahreszeiten« die Journalisten. Tatsächlich: Er empfing sie. Gnädig. Ganz uncharmant saß der große Charmeur auf seinem Sofa und gab spröde und reichlich überheblich Auskunft über seine Pläne. Keine Spur von dem berückenden Charme, den er beruflich zu versprühen hatte.

War er etwa ein Deutschenfeind? Anzunehmen, denn er erwähnte seine kurzfristige Kriegsgefangenschaft 1940 in Magdeburg. Was er nicht erwähnte – und was wir damals noch nicht wußten – war, daß er, nach Frankreich heimgeschickt, auch später hin und wieder in Deutschland war, und zwar, um – von den Nazis hofiert – vor deutschen Soldaten zu singen. Ein Kollaborateur also.

Quälend diese halbe Stunde mit einem grantigen Star. Als Chevalier aus der Hoteltür tritt, geht draußen auf der Maximilianstraße zufällig eine junge Frau in Münchner-Kindl-Tracht mit einer Sammelbüchse für den Wiederaufbau der Frauentürme vorbei. Plötzlich illuminiert Chevalier beim Anblick gezückter Kameras sein zerknittertes Gesicht, schiebt strahlend seine Unterlippe vor und krault dem Mädchen den Kopf. Ja, so wollen wir unseren Maurice sehen. Bravo! Die Bilder sind gemacht, der große Mann kann sich erneut seiner Verbiesterung anheimgeben.

Der grantige Star als Strahlemann: Maurice Chevalier 1953 in München vor dem Hotel »Vier Jahreszeiten« mit einer für den Wiederaufbau der Frauentürme sammelnden jungen Frau in Münchner-Kindl-Tracht.

Ein Wall aus Liebenswürdigkeit
Michel Simon

Diametral entgegengesetzt zu Chevalier verhielt sich der damalige Bösewicht des französischen Films, Michel Simon, bei seinem Besuch Münchens im Juni 1954 zur deutschen Erstaufführung seines Films »Eine wunderbare Liebe« (»L'étrange désir de Monsieur Bard«), in dem er – wieder einmal – einen einsamen Menschen spielte.

Diese Einsamkeit ist auch um den privaten Michel Simon. Ich sehe ihn sich nach Schluß der Vorführung etwas linkisch und mit einem unsicheren Lächeln vor dem Publikum verbeugen, »Merci, merci beaucoup!« stammelnd. Dann drückt er allen die Hand, die ihn in München begrüßen, ausfragen, ihn durch die Stadt führen, Filmverträge mit ihm abschließen wollen. Und ich spüre: Das ist die Herzlichkeit des Einsamen, der eine Mauer von Liebenswürdigkeit um sich aufbaut, um sich keiner Verletzung auszusetzen.

Man hat ihn »das heilige Ungeheuer der Filmkunst« genannt, und tatsächlich ist in allen seinen monströsen Filmfiguren gleichzeitig auch etwas Heiliges, Unantastbares, sei es in René Clairs »Pakt mit dem Teufel« oder in Marcel Carnés »Hafen im Nebel«. In dem zerklüfteten Gesicht dieses barocken Balzac-Kopfes kann es ebenso gefährlich wetterleuchten, wie kindliche Güte seine Züge verklären kann.

Ich frage ihn aus in einer Ecke des Hotelfoyers, wo er mit dem Rücken zur Wand sitzen kann. Nicht von seiner Kar-

Das »heilige Ungeheuer der Filmkunst«: Michel Simon als Faust in René Clairs Film »La beauté du diable« (Der Pakt mit dem Teufel), 1950.

riere spricht er, sondern lieber von den Tieren im Garten seines Landhauses in Nosy-le-Grand, wo er seinen Affen, Hunden und Katzen eine Baumlandschaft mit künstlichen Felsen eingerichtet hat. Wenn er von seinen Tieren spricht, nimmt seine sonst eher fettige Stimme einen zärtlichen Klang an. Auf einmal scheint er ganz weit, weit weg zu sein. Aber gleich durchbricht er den Wall aus schützender Liebenswürdigkeit mit dem Geständnis: »Einmal habe ich eine Filmrolle abgelehnt, in der ich Vögel erdrosseln sollte.« Und er fügt überraschend hart hinzu: »Es gibt ein paar Dinge, die man im Film *nie* zeigen sollte. Zumindest ich werde sie nicht spielen.« Pause. Mein Notizblock ist voller weiterer Fragen. Aber er sagt mit der Freundlichkeit, die ein nicht verletzendes Ende des Gesprächs signalisiert:

»Alors, Monsieur, haben Sie alles, was Sie brauchen?«

»Ja – wenn Sie meinen…« Ich hätte ihm noch stundenlang zuhören und in dieses Gesicht von grandioser Häßlichkeit schauen können. Doch seine Termine und mein Chefredakteur nahmen darauf halt keine Rücksicht.

Der Philosoph und der Stierkämpfer
José Ortega y Gasset

Höflich, aber bestimmt hebt Ortega y Gasset, der spanische Philosoph, Autor des Buches »Der Aufstand der Massen«, abwehrend die Hände, als ich mit Notizblock und gezücktem Bleistift auf ihn zugehe. »Ich hasse Interviews«, sagt der Sohn eines Journalisten. »Man braucht sechs Stunden, um einen Gegenstand einigermaßen klar zu umreißen, und dann hat man die Freude, in der Zeitung darüber etwas ganz anderes zu lesen.«

Ich versuche es dennoch: »Was sind Ihre Pläne?«

»Ich bin ganz privat hier«, wehrt Ortega erneut ab. Dann jedoch setzt er sich in der Halle des Hotels Schottenhamel – mit dessen Besitzer er befreundet ist und den er hier privat besucht – mit mir zusammen. Deutet auf einen schweigsamen Mann am Nebentisch und wird euphorisch.

»Kennen Sie ihn?« fragt er mich.

»Nein«, sage ich ahnungslos.

»Aber sowas!« ereifert sich Ortega. »Das ist doch Dominguin.«

Keine Ahnung.

»Der berühmteste spanische Stierkämpfer«, hilft er nach. »Den müßten Sie eigentlich kennen.«

»Bei uns gibt es keine Stierkämpfe, und in Spanien bin ich noch nicht gewesen. Wegen Franco«, füge ich hinzu, was Ortega aber nicht zu beeindrucken scheint.

Er schaut mich an, als zweifele er an meiner Allgemeinbildung. Und fängt an, von Dominguins Fähigkeiten, seinem Mut und seiner Eleganz zu schwärmen. Er kann gar nicht aufhören, mit der Bewunderung eines Fans sein Idol zu preisen. Sprachlos schaue ich ihn an, den berühmten Philosophen, der sich backfischhaft begeistert für den Mann mit dem ausdruckslosen Gesicht am Nebentisch.

Erst als ich viel später Hemingways »Tod am Nachmittag« las, begriff ich Ortegas Euphorie. Es war das Spanische in Reinkultur, das diesen spanischen Geisteshelden faszinierte. Auch wenn Dominguin kein einziges seiner Bücher gelesen haben mochte.

Ein Regie-Gigant holt sich Inspirationen

Jürgen Fehling

Im Frühjahr 1951 lag München im Catcherfieber. Abend für Abend gingen im Zirkus Krone die schweren Männer aufeinander los wie die Gladiatoren im alten Rom – nur daß sie sich nur scheinbar alle Knochen brachen, um sich nach Schluß der Vorstellung friedlich vor der Gagenkasse aufzureihen. Und jedesmal saßen der Regisseur Jürgen Fehling, der am Residenztheater gerade Ludwig Tiecks ironisch-romantisches Ritterstück »Ritter Blaubart« inszenierte, und seine Hauptdarstellerin und Lebensgefährtin Joana Maria Gorvin im Publikum.

Eines Tages entlud sich die Wut des Publikums auf den »Bösewicht« des gerade agierenden Catcherpaares in Handgreiflichkeiten, die ihren Höhepunkt darin fanden, daß Colaflaschen in den Ring prasselten. Eine davon prallte an der Matte ab und flog auf der anderen Seite ins Publikum und direkt an Fehlings Schläfe.

Der Kampf wurde abgebrochen, Fehling im Rettungswagen ins Krankenhaus gebracht, während ich die Sensation an die Redaktion durchtelefonierte.

Am nächsten Tag: dicke Schlagzeile in der *Abendzeitung*, am übernächsten Tag erneut eine Schlagzeile: der publicity-versierte Catcher-Veranstalter Rudolf Zurth hatte dem lädierten Fehling einen Riesenstrauß roter Rosen ans Krankenbett geschickt.

Als dann am 1. Juni 1951 »Ritter Blaubart« Premiere hatte, erwies sich, was Fehling von den Catchern gelernt hatte. Originalgetreu zerrte da der Schauspieler Paul

Regisseur Jürgen Fehling (links) springt in seiner Inszenierung von Ludwig Tiecks »Ritter Blaubart« 1951 am Münchner Residenztheater für den erkrankten Wolfgang Büttner als Junker Winfried ein. Rechts im Bild Paul Dahlke in der Titelrolle, als Ersatz für den ebenfalls erkrankten Otto Wernicke.

Dahlke als Ritter die Gorvin als seine Geliebte an den Haaren quer über die Bühne. Allerdings walteten einige weitere Unsterne über dieser Inszenierung. Der ursprünglich für die Titelrolle vorgesehene Otto Wernicke hatte sich kurz vor der Premiere beim Hochgefahrenwerden aus der Versenkung den Schädel an einem Balken angeschlagen. Und kurz vor einer weiteren Vorstellung erkrankte der Darsteller des Junker Winfried, Wolfgang Büttner, so daß Fehling im letzten Moment selbst einspringen mußte.

Im Lumberjack, mit aufgekrempelten Hosenbeinen, die Narrenkappe auf dem Kopf, die Brille auf der Nase und das Rollenbuch in der Hand, improvisierte Fehling den närrischen Junker mit viel Klamauk und dem Charme seiner schauspielerisch total unbegabten großen Persönlichkeit. Und erntete den meisten Applaus, bis er, als der Beifall kein Ende nehmen wollte, mit Mantel, Hut und Spazierstock erschien und beinahe vom langsam sich senkenden Eisernen Vorhang erneut lädiert worden wäre.

... und der Schüler des Giganten
Rudolf Noelte

Einmal gaben mir Fräulein Federschmidt und der damals noch junge Rudolf Noelte, ein ebenso titanischer Regisseur wie sein Meister Fehling, die Ehre eines privaten Besuches. Wir sprachen über die modernistischen Inszenierungen des damals aufgekommenen, falsch verstandenen »Regietheaters«. Da meinte Noelte – wie Fehling ein besessener Diener am Text seiner Autoren:

»Schließlich kann ich die Schauspieler ja auch auf dem Kopf auf die Bühne kommen lassen.«

Seitdem frage ich mich angesichts der Verirrungen des »Regietheaters«, warum noch keinem seiner heutigen Verfechter diese geniale Version eingefallen ist.

Idiot oder Idealist?
Oskar Werner

Einem Unbedingten sitze ich gegenüber. Oskar Werner. Laufend zerhacken Telefonanrufe das Interview mit dem Vielbeschäftigten in der Hotelhalle. Der Wiener, Jahrgang 1922, ist das Wunderkind des deutschen (und schon damals des internationalen) Films, für die Jüngeren ver-

Ein allzu schnell verglühter Komet am Firmament des internationalen Films: Oskar Werner.

gleichbar etwa mit Klaus Maria Brandauer, nur, daß in Oskar Werner obendrein das Genie brannte. Nach Privatem traue ich mich gar nicht erst zu fragen. Man weiß, daß er mit seiner Frau und seinem elfjährigen Sohn abgeschirmt im Liechtensteinischen lebt.

Oskar Werner glaubt an das Publikum. »Ich halte es für viel differenzierter und in seinem Geschmack für viel besser, als die Produzenten glauben«, sagt er. »Es wird aber, da die Millionäre, die Fabrikanten – ich will mich nicht präziser ausdrücken – seinen Geschmack bestimmen, schlecht bedient. Um sich damit nicht abzufinden, muß man ein Idiot oder ein Idealist sein, was vielleicht dasselbe ist – ich bin es.«

Zum Beweis führt er seinen »Hamlet« an, den er zwei Jahre zuvor in Frankfurt gespielt hat und der, was die Einnahmen betraf, auf Platz eins vor der »Lustigen Witwe« auf Platz drei rangiert habe. Wie Reinhardt wolle er das Theater dem Schauspieler zurückgewinnen.

Es sollte ihm nicht gelingen. In seiner Verzweiflung flüchtete er in die Alkoholsucht. Oskar Werner starb – einst ein Frühvollendeter – 1984 mit 62 Jahren.

Einer sucht nach der Bruchstelle
Alfred Kantorowicz

Als einen in seiner Art ähnlich Unbedingten wie Oskar Werner erlebte ich im November 1957 den Literarhistoriker Alfred Kantorowicz. Der schlanke Mann mit dem schmalen Gelehrtengesicht war gerade aus der DDR in die Bundesrepublik gewechselt. Kollegen von mir, mit den Verhältnissen »drüben« vertraut, hatten schon seit längerer Zeit gemunkelt, Kantorowicz, Dekan an der Ost-Berliner Humboldt-Universität, halte den Druck der SED nicht länger aus und trage sich mit neuerlichen Gedanken an ein Exil.

Nun saß er vor mir, ein Gehetzter, der den Boden unter den Füßen verloren hat, und sprach davon, daß er zunächst den Weg von Stalin zu Marx zurückverfolgen müsse, um zu sehen, »wo auf diesem Wege die Bruchstelle ist – wo es angefangen hat, nicht mehr zu stimmen«. (Daß der Bruch bereits bei Marx zu erkennen gewesen sein könnte, hat er sich bis zu seinem Lebensende 1979 in Hamburg nie eingestanden.)

Seine Stimme zitterte, stockte mitunter, brach sogar einmal, als er mir seine zunehmende Erkenntnis berichtete. Mein Interview mit ihm war eher eine Abrechnung mit sich selbst.

Alfred Kantorowicz wurde 1899 in Berlin als Sohn eines jüdischen Kaufmanns geboren und wuchs im großbürgerlichen Milieu des Wilhelminismus auf. Er hatte sich im Ersten Weltkrieg freiwillig zur Front gemeldet, hatte nach dem Krieg Rechtswissenschaft und Literaturgeschichte studiert und war Journalist geworden: Feuilleton-Redakteur und Theaterkritiker.

1931 trieb ihn die heraufkommende Hitlerbarbarei in die Arme der KPD. 1933 ging er nach Paris, wurde Generalsekretär des Schutzverbandes deutscher Schriftsteller im Exil und gründete die »Bibliothek der verbrannten Bücher«.

Bereit, für seine Überzeugung auch mit der Waffe in der Hand zu kämpfen, reihte er sich 1936 den in Spanien gegen Franco kämpfenden Internationalen Brigaden ein, wurde verwundet, ging 1938 nach Frankreich zurück, wurde nach Ausbruch des Zweiten Weltkriegs interniert, konnte jedoch mit Unterstützung durch Ernest Hemingway in die USA entkommen. Hier arbeitete er für die Nachrichtenabteilung der Rundfunkgesellschaft CBS. Nach Kriegsende ging er nach Deutschland zurück – in die DDR.

Dort beargwöhnte man den aus einem westlichen Exil Heimgekehrten von Anfang an. Zwar durfte er die Zeitschrift *Ost und West* gründen und leiten, aber nach zwei Jahren stellte die SED sie ein. Kantorowicz durfte zwar noch an der Universität Literaturgeschichte lehren und auch den literarischen Nachlaß von Heinrich Mann verwalten, doch als er 1956 nach dem Ungarn-Aufstand es wagte, den in Ungnade gefallenen ungarischen Literaturhistoriker György Lukácz für den Nobelpreis vorzuschlagen, hatte er es sich mit der SED endgültig verscherzt.

Da saß er nun auf den Trümmern seines Lebens und seiner politischen Überzeugung und trat ein in das Vakuum einer ungewissen Zukunft. Und wurde doch kein Überläufer. Als ihm der Sender Freies Europa eine Mitarbeit an-

Trotz seines Übertritts in die Bundesrepublik 1957 kein »Überläufer«: Der marxistische Literaturhistoriker Alfred Kantorowicz.

bot, wies er das Ansinnen höflich, aber bestimmt zurück. Prompt lehnten die bundesrepublikanischen Behörden seine Anerkennung als DDR-Flüchtling ab. Er hat schließlich auch das verwunden.

Die Frau mit dem Katzengesicht
Tilla Durieux

Zum erstenmal leibhaftig sah ich sie als Kritiker der *Abendzeitung* Anfang 1953 im Berliner Schloßparktheater. Tilla Durieux, die große Reinhardt-Schauspielerin im ersten Drittel unseres Jahrhunderts, trat nach zwanzigjährigem Verschollensein wieder auf einer Berliner Bühne auf. Und gleich bei ihren ersten Worten trat eine Katastrophe von der Art ein, wie sie Tilla Durieux ihr Leben lang begleitet hatte: In den begeisterten Auftrittsapplaus mischte sich aus der Loge ein Röcheln, das zunächst, da es wie Schnarchen klang, den Unmut der Zuschauer erregte. Doch der, von dem das Röcheln ausging, schnarchte nicht. Es war das Todesröcheln des Übersetzers Hans Feist, der das Premierenstück, Christopher Frys »Der Erstgeborene«, ins Deutsche übertragen hatte. Wenige Minuten zuvor hatte er der alten Freundin noch ein Fläschchen Cognac geschenkt und ihr Mut gemacht zu ihrem Wiederauftreten nach so langer Zeit.

Tilla Durieux, nunmehr 73 Jahre alt, spielte ihre Rolle – the Show must go on – so elektrisierend wie eh und je, als sie Generationen von Theaterbesuchern bis 1933 regelrecht von den Stühlen gerissen hatte. Nicht nur, weil sie wunderschön war mit ihrem Katzengesicht, sondern weil sie mit der äußeren Schönheit Sinnlichkeit und Intellekt zu einem ganzheitlichen Faszinosum verband.

Intendant Boleslav Barlog hatte die verschollen Geglaubte über sieben Ecken in Zagreb aufgespürt, wo sie die Staatliche Puppenbühne leitete. Wie sie dort hingekommen sei, fragte ich sie. Und dann schilderte sie mir die vielen kleinen und größeren Katastrophen ihres Lebens seit der Überantwortung Deutschlands an Hitler.

»Seit 1933 bin ich immer dort gewesen, wo das europäische Drama gerade seinem Höhepunkt entgegentrieb«, sagte sie und erzählte mir, wie sie mit ihrem jüdischen Mann, dem Generaldirektor der Schultheiss-Patzenhofer-Brauerei, Ludwig Katzenellenbogen, 1933 nach Wien floh, von dort 1937 nach Prag ging und 1938 zu ihrer Schwester nach Jugoslawien weiterfloh, einem wechselhaften, oftmals auf der Kippe stehenden Schicksal entgegen. Ihren Mann hatten die Nazis schließlich doch noch erwischt und ihn im KZ Oranienburg zugrundegerichet.

Am Nationaltheater in München probte sie im Februar 1919 gerade Grillparzers »Medea«, als ihr die Nachricht in die Garderobe gemeldet wurde, Kurt Eisner, Bayerns kunstsinniger Ministerpräsident, der sie nach München geholt hatte, sei ermordet worden – ein böses Omen für die relativ kurze Zeit, die dem Star der deutschsprachigen Bühne noch verblieb.

In den zwanziger Jahren führte die hochgebildete Frau mit ihrem damaligen Mann, dem Kunsthändler und Verleger Paul Cassirer, in Berlin einen Salon, in dem die Größen der Zeit verkehrten, von den Ministern Rathenau und Hilferding über Albert Einstein, Max Reinhardt bis zu Oskar Kokoschka, der sie gemalt, und Ernst Barlach, der eine Büste von ihr modelliert hatte. Überhaupt war sie ein gesuchtes Objekt für die Künstler ihrer Zeit: Renoir hatte sie gemalt, auch Liebermann, Slevogt, Corinth, Orlik und Gulbransson.

1962, nach der Premiere einer von mir zusammengestellten kabarettistischen Berlin-Revue im Werkraumtheater der Münchner Kammerspiele (mit Helen Vita, Klaus Löwitsch und anderen), lernte ich ihre unvoreingenommene Art kennen, mit der sie künstlerische Hervorbringungen der Gegenwart zu bewerten wußte. In der Revue hatte der Schauspieler Hans Kübel das berühmte Chanson »Donnerwetter, Donnerwetter, wir sind Kerle« vorgetragen, das in der Zeit vor dem Ersten Weltkrieg Joseph Giampietro als eine Karikatur des preußischen Leutnants mit Schmiß gesungen hatte. »Großartig, der junge Mann«, sagte sie. Und als ich sie fragte, ob ihr nicht die Erinnerung an den großen Giampietro im Wege stehe, sah sie mich groß an: »Man kann das nicht vergleichen und soll es auch nicht. Der Kübel hat es auf seine Art gemacht, und die war gut.«

Wir feierten weiter in der Wohnung der Schauspielerin Inge Langen, mit der die Durieux damals gerade ein Fernsehspiel probierte. Es war spät in der Nacht, als die Durieux von der ersten Nachkriegszeit erzählte, wie sie sich im Berliner Lunapark amüsiert hätten. Plötzlich sprang sie auf, um uns den »Holzbeintanz« vorzuführen. Behende strampelte und humpelte sie diesen Tanz, so daß der schwer auf seinem Sessel dabeihockende Kritiker Walther Kiaulehn kurz aus seinem Alkoholdunst erwachte und erinnerungsvoll lächelte. Er war damals 62 Jahre alt, die Durieux 82. Um zwei Uhr früh verabschiedete sie sich. »Also morgen pünktlich um acht Uhr im Atelier«, sagte sie zu Inge Langen, die völlig übermüdet meinte: »Na, wenn du meinst – pünktlich.« »Eisern«, erwiderte die Durieux.

Als sie neunzig wurde und immer noch auftrat, veröffentlichte sie ihre Erinnerungen unter dem Titel »Meine ersten neunzig Jahre«. Ein Jahr darauf brach sie sich den Ober-

Tilla Durieux, die große deutsche Schauspielerin vor 1933, die in den fünfziger Jahren als über Siebzigjährige noch einmal aufbrach zu ihrer letzten Karriere.

schenkelhalsknochen und starb, geliebt und hochgeehrt von ihrem alten und neuen Publikum in der Stadt ihrer einstigen und jüngsten Triumphe.

Er wollte sich »drucken«
Prinz Ludwig Ferdinand von Bayern*

In ihren 1971 im Herbig Verlag erschienenen Erinnerungen »Meine ersten neunzig Jahre« schildert Tilla Durieux, wie sie zur Zeit der Münchner Räterepublik, während der sie am Münchner Nationaltheater in Strindbergs »Totentanz« auftrat, durch ihre Bekanntschaft mit dem Schriftsteller und Revolutionsführer Ernst Toller den Wittelsbacherprinzen Ludwig Ferdinand vor Verfolgung schützen konnte.

Demnach meldete sich ihr »alter Freund« Prinz Ludwig Ferdinand von Bayern, ein Neffe des 1912 verstorbenen Prinzregenten und Sohn von Prinz Adalbert (1828-1875), einem Bruder des Prinzregenten, eines Abends im Theater und fragte sie: »Gehns, Frau Dürjö, Sie kennen doch den Toller, was is das für a Mensch?« Sie versicherte ihm: »Ein anständiger«, worauf der Prinz fragte: »Glabns, i soll mi lieber drucken? Fragns ihn doch!« Sie fragte Toller bei nächster Gelegenheit, und der meinte, »daß man dem alten Herrn kein Haar krümmen würde«. Von dieser Antwort war die Königliche Hoheit »befriedigt« und erzählte der Schauspielerin: »Wissens, gestern bin i mit der Bahn von draußen herein kumma, und da waren schrecklich viel Leut' am Bahnhof, aha, hab i mir denkt, aber dann hab i freindli griaßt, und koa Mensch war bös zu mir.« Darauf Tilla Durieux: »Na, sehen Sie!« Aber Prinz Ludwig Ferdinand hakte nochmals nach: »Ja, aber 's könnt doch a Zeit kumma, wo i abfahrn sollt, gehns, sagns mirs do, wann i mi drucken soll.« Die »Frau Dürjö« versprach ihm das.

* Erzählt von Tilla Durieux.

Sie vereinbarten, sie werde ihm ein Buch als Zeichen schicken, wenn es für ihn in München gefährlich werden könnte.

»Als die Situation schon recht ungemütlich wurde«, berichtet Tilla Durieux in ihren Erinnerungen weiter, »klopfte es eines Abends an meine Zimmertür, und herein trat ein Herr mit Cut und steifem Hut, der mir gravitätisch ganz nahe kam und dann flüsterte: ›Königliche Hoheit lassen fragen, ob die gnädige Frau Lektüre für ihn hätten.‹ – Nun aber war es schon zu spät geworden, um sich zu ›drucken‹, und so ließ ich ihm nur einen schönen Gruß und ein paar beruhigende Worte sagen. Es ist ihm auch gar nichts geschehen...«

Prinz Ludwig Ferdinand Maria Karl, wie er mit vollem Namen hieß, überlebte auch noch Hitler und den Zweiten Weltkrieg und starb im Alter von 90 Jahren im Jahre 1949.

Die unkomischen Komiker und ihre Lebensangst
Theo Lingen und Hans Moser

Daß Komiker von selbst komisch sind, ist eine weitverbreitete Mär. Meistens sind sie melancholisch, humorlos, oft menschenfeindlich und voller Lebensangst, die sich dann in einem an Geiz grenzenden Erwerbsinn äußert. Man denke im erstgenannten Fall an Karl Valentin oder Heinz Rühmann, im letztgenannten an den Clown Grock oder an die Dioskuren der Filmklamotte der dreißiger Jahre, Hans Moser und Theo Lingen.

Von meiner frustrierenden Begegnung mit Heinz Rühmann (siehe Seite 53) habe ich weiter oben schon berichtet. Vom Geiz Hans Mosers weiß ich vom Hörensagen. Die – sagen wir – Sparsamkeit Theo Lingens kann ich aus eigener Anschauung bestätigen.

All dies tut aber meiner Verehrung für alle Genannten keinen Abbruch. Sie haben sich auf andere Weise menschlich bewährt: Lingen dadurch, daß er die ganze Nazizeit über zu seiner jüdischen Frau gehalten und deren Tochter aus erster Ehe mit Bertolt Brecht, Hanne Hiob, schützend und unterstützend durch die braune Zeit laviert hat; und Moser dadurch, daß auch er sich nicht von seiner jüdischen Frau scheiden ließ und sie auf Anweisung Hitlers, dessen Lieblingsschauspieler er angeblich gewesen ist, widerwillig außer Landes, nach Budapest geschickt hat, wo sie den Holocaust überlebte.

Wenn man Lingen und Moser vorwirft, sich in ihren Klamottenfilmen weit unter Preis, weit unter ihrem Talent verkauft zu haben, so kann man dies auch als Selbstbe-

Die »Dioskuren der Filmklamotte der dreißiger Jahre«: Theo Lingen und Hans Moser.

hauptung sehen: Solange sie der Taktik von Goebbels, das deutsche Volk von dem ihm bevorstehenden Unheil durch die Strapazierung ihrer Zwerchfelle abzulenken, Genüge taten, konnten sie sich und ihre Ehefrauen vor dem Schlimmsten bewahren.

In Theo Lingen lernte ich im Juni 1954 einen gescheiten, tänzerisch beweglichen Herrn ohne Alter kennen, als ich einen Vorbericht über sein Gastspiel in dem Lustspiel »Räubergeschichte« von Edmund Wolf in der Münchner »Kleinen Komödie« schrieb.

Höflich, aber distanziert gab er Auskunft über seine Pläne, von denen sich nicht alle realisieren lassen sollten. Näher in Kontakt kam ich mit ihm erst im Frühjahr 1977. Da bereitete er ein Gastspiel mit der Chansonniere Hanne

Wieder bei den Berliner Festwochen vor, da ein vorangegangenes Gastpiel der beiden mit Songs und Texten von Brecht ein Riesenerfolg geworden war. Nun wollte die Wieder einen Abend mit Kabarettchansons aus den zwanziger Jahren bringen und fragte Lingen, ob er wieder mitmachen wollte. Er wollte zwar, aber er fragte sich und sie, was er dazu beisteuern könnte. Vielleicht einige Conferencen über die damalige Zeit, regte die Wieder an, sie wüßte da in München jemanden, der darüber ein Buch geschrieben habe. Und der war ich.

Nun entspann sich eine Zusammenarbeit zwischen Theo Lingen und mir, die mir die ganze Skurrilität dieses Mannes plastisch vor Augen führte. Er bat mich höflich um entsprechendes Material und lud mich, als er es verarbeitet hatte, ins Foyer des Hotels »Vier Jahreszeiten« ein, um mir seine Formulierungen vorzutragen und um meine Meinung zu bitten. Da saß er nun vor mir, dem kaum bekannten Journalisten, und trug mir, wie um ein Engagement bei einem Theaterdirektor bemüht, seinen Text vor, wie er ihn sich zurechtgelegt hatte. Kleinere Korrekturen, die ich vorzubringen wagte, akzeptierte er sofort, ließ auch, wenn gewünscht, einiges weg, und war zusehends um eine gute Kooperation bemüht. Talent dokumentiert sich nicht zuletzt in der Befähigung, ja dem Bedürfnis nach Selbstkritik.

Als er sich all mein Material mundgerecht gemacht hatte, schrieb er mir, daß sich mehrere Theater um zusätzliche Auftritte von ihm und Hanne Wieder bemüht hätten. Tenor all dieser Briefe war das Geld – nicht nur für sich und seine Partnerin, auch für mich. Unwillkürlich demonstrierte er seine Sparsamkeit dabei mit seinem Briefpapier: aus einem Block herausgerissenes, mit Rißspuren versehenes kariertes Notizblockpapier. Als ich ihn kurz darauf in Wien, wo ich ohnehin zu tun hatte, aufsuchte, betrat ich eine mit Linoleum ausgelegte, spartanisch einfach eingerichtete Wohnung ohne jede Atmosphäre. Merklich zögernd lud er mich ein, in einem Café auf dem Kärntner Ring mit sich und seiner Frau eine Tasse Kaffee zu trinken. Er bestellte sie, der Ober brachte sie, und Theo Lingen plauderte, ab und zu verstohlen auf seine Armbanduhr blickend, ein wenig über dies und das, um sich dann abrupt zu erheben und sich mit seiner Frau zu verabschieden. Zuvor hat er, das sei zu seiner Ehre gesagt, noch meinen Kaffee bezahlt.

Von Hans Moser weiß man, daß er stets Dritter Klasse fuhr und sich während der Drehpausen in der Kantine des technischen Personals geduldig um sein Mittagessen anstellte. Es liegt mir fern, mich über derartige Charakterzüge moralisch zu erheben. Nur frage ich mich, welche geheimen Zusammenhänge zwischen einer Millionen Menschen beglückender und dementsprechend gut bezahlter Komik und der Angst, zu verhungern, bestehen. Und – um die Sache noch mehr zu komplizieren – hat gerade Theo Lingen einmal gesprächsweise zu mir gesagt: »Mehr als dreimal am Tage essen kann man schließlich nicht.«

Von Frau zu Frauen
Claire Booth-Luce

Eine Taxifahrt lang, vom Münchner Flughafen Riem bis in ihr Hotel in der Innenstadt, beantwortet mir eine bemerkenswerte Frau meine Reporterfragen und noch viel mehr. Es gilt, sich die Zeit einzuteilen und das Größtmögliche aus ihr herauszuholen, und das kann Claire Booth-Luce aus dem Effeff.

Wer war diese von Erfolg zu Erfolg rasende Dame? Man stelle sich Hillary Clinton vor, die außer ihrer Karriere als gewiefte Rechtsanwältin auch noch die einer Präsidentengattin gemacht hat. Weiter nichts? Darüber hätte Claire Booth-Luce nur müde lächeln können. Denn sie war ein Tausendsassa. 1950, als ich sie interviewte, war sie laut Umfragen die beliebteste Amerikanerin nächst der Präsidentengattin Eleanor Roosevelt (1884-1962).

Sie verschlang Bücher ebenso, wie sie eigene ausspuckte. Sie schrieb Gesellschaftsberichte und Kriegsberichte, verfaßte Theaterstücke und Abhandlungen über Hegel und Fichte, kämpfte geharnischt für die Rechte der amerikanischen Frauen und heiratete als Modejournalistin der Zeitschrift *Vogue* mehrere weitere amerikanische Illustrierte wie *Life, Time* und *Fortune,* genauer: deren Herausgeber und Chefredakteur Henry Luce. Bei alledem sah sie auch noch gut aus und steckte sich täglich eine frische Rose an die Bluse.

Als ihr erstes Theaterstück, »Abide with Me«, mit Pauken und Trompeten durchfiel, schrieb sie gleich ein neues: »Women«. Und schoß damit den Vogel ab. Nun war sie nach München gekommen, um der Premiere der deut-

Modejournalistin, Autorin und Frauenrechtlerin:
Claire Booth-Luce 1954 mit ihrem Ehemann, dem Herausgeber und Chefredakteur von »Life«, »Time«, und »Fortune«, Henry Luce.

schen Erstaufführung an den Münchner Kammerspielen beizuwohnen.

Warum Harry Buckwitz, der damalige »Kammerspiele«-Direktor gerade dieses Stück – unter dem Titel »Frauen in New York« – auf den Spielplan setzte, hatte er mir im Fasching desselben Jahres an der Bar des Regina-Palast-Hotels verraten:

»Jetzt habe ich endlich ein Stück, in dem ich alle Schauspielerinnen, die mich immer wieder um Rollen bestürmen, unterbringen kann: Vierzig Frauenrollen – und keine einzige Männerrolle.«

Umgekehrt hatte Buckwitz zuvor mit »Die erste Legion« ein reines Männerstück inszeniert. Allerdings: Mit den Frauen hatte er lieber gearbeitet, auch wenn sie im Stück auf Teufel komm raus gegeneinander intrigieren und nur immer über Männer reden.

Daß das Stück darüber hinaus auch als solches ein Erfolg war, läßt sich daran erkennen, daß es noch heute – unter dem nationenübergreifenden und geschlechtskonformen Titel »Frauen« mit Erfolg aufgeführt wird.

KABARETTGESCHICHTE – DOKUMENTIERT AM LEBENDEN OBJEKT

Als ich Ende 1948 nach München kam, lag die »Schaubude«, Restdeutschlands erstes Nachkriegskabarett, bereits in den letzten Zügen: Die mit der Währungsreform einsetzende Freßwelle hatte ihr den Todesstoß versetzt. In der »Klare Mühle«, der Kneipe um die Ecke, wo die Kabarettisten nach der Vorstellung zu hocken pflegten, lernte ich Ursula Herking und Hella Krüger, die Tochter des Conferenciers Hellmuth Krüger, kennen. Und dachte mir nichts dabei.

Dann machte – nach der kabarettlosen, der schrecklichen Zeit zwischen 1949 und 1951 – in einer Schwabinger Atelierwohnung »Die kleine Freiheit« auf, auch sie wie die »Schaubude« beliefert mit Texten von Erich Kästner (siehe Seite 168), aber auch schon von der nachwachsenden Generation. Und da bei der *Abendzeitung* die Theaterkritik bei George Salmony in wesentlich kundigeren Händen lag als in den meinen, spezialisierte ich mich auf die Kabarettkritik, zumal da sich das zu beackernde Feld immer weiter ausdehnte: 1953 bereicherten in Schwabing »Die Kleinen Fische« und 1954 in der Brienner Straße »Die Zwiebel« die Münchner Kabarettszene – übrigens mit zwei beachtlichen neuen Frauen: Ingrid van Bergen und Carla Hagen. Beide haben inzwischen längst Karriere gemacht, bei Film und Theater, im Gegensatz zu all ihren männlichen Kollegen von damals. Namentlich um die sexgeladene Ingrid van Bergen scharten sich damals echte und angebliche Kabarettinteressenten, und zwar in einem Ausmaß, daß ich mir von Anfang an keine Chancen bei ihr ausrechnete. Jahre später traf ich sie in einem Café und gestand ihr meine damalige Verehrung für sie.

»Habe ich gemerkt«, erwiderte sie trocken. »Und warum haste nischt gesagt?«

»Hab' mich nicht getraut.«

»Schade. Und ick dachte, du bist schwul.«

Ingrid van Bergen in einer kabarettistischen Parodie auf die Sackmode der fünfziger Jahre bei den »Kleinen Fischen« in München.

Als ich im Fasching 1955 mit einer Freundin, bei der ich mich durchaus getraut hatte, durch Schwabing bummelnd in das Kellerlokal »Alte Laterne« in der Leopoldstraße geriet, machten sich da vier magere Studenten über Uni- und Verkehrsprobleme lustig. Zwei von ihnen hießen Dieter Hildebrandt (siehe Seite 176) und Klaus Peter Schreiner. 1956 sollten sie mit der neu eröffneten »Münchner Lach- und Schießgesellschaft« Furore machen – bis heute.

Auch Altkabarettisten wie der Conferencier Werner Finck (siehe Seite 161), die Chansonniere Trude Hesterberg (siehe Seite 157), die Komponisten Werner Richard Heymann (siehe Seite 70) und Friedrich Hollaender (siehe Seite 148) tummelten sich zu der Zeit in München, übriggeblieben aus den zwanziger Jahren, den angeblich so goldenen Zeiten des Berliner Großstadt-Kabaretts. Nostalgie war angesagt. Also schrieb ich für die Zeitschrift *MADAME* eine Serie über die Kabarettistinnen jener Zeit, unter dem Titel »Die kesse Muse«. (Was mir später von Thomas Manns Tochter Erika, die 1933 die dann emigrierte »Pfeffermühle« gegründet hatte, den berechtigten Tadel »Keß waren wir nie!« eintrug.)

Eines Tages fragte der Cheflektor des Paul List Verlags, ein Herr Hirschberg, bei der Redaktion an, ob ich nicht die Serie zu einem Buch erweitern wollte. Sein Vater war Conferencier gewesen, und so hatte er auch ein persönlich begründetes Interesse an so einem Buch. »Aber gern«, sagte ich ahnungslos und ging im Vertrauen auf ausreichende Literatur über das Gebiet in die Staatsbibliothek. (»Abschriftsteller« nannte man solche Leute, die ihre Bücher aus vielen anderen Büchern zusammenstellen, damals wie heute.)

Großes Entsetzen: Es gab über die Geschichte des Kabaretts so gut wie nichts. Was tun? In meiner Verwirrung

Die »Münchner Lach- und Schießgesellschaft« 1956, verkörpert von (v.l.n.r.): Ursula Herking, Hans Jürgen Diedrich, Klaus Havenstein und Dieter Hildebrandt.

wandte ich mich an einen ehemaligen Studienkollegen aus dem Seminar des Theaterprofessors Arthur Kutscher, der mir bereits zehn Jahre zuvor erklärt hatte, er arbeite an einer Dissertation über die Geschichte des Kabaretts. (Sie sollte erst weitere zehn Jahre später als Buch erscheinen.) Meinen Vorschlag, halbe-halbe, wies er pikiert zurück. Das bedeutete: Knochenarbeit, Wühlen in Archiven und alten Zeitschriften auf der Suche nach Kritiken über Kabarett und Kabarettisten von der Wiege des »Cabaret artistique« 1881 in Paris bis zum Ende des sechsten Jahrzehnts unseres Jahrhunderts, Suche auch nach autobiographischen Berichten in diesem Zusammenhang. Aber es bedeutete auch Gespräche mit den noch lebenden seinerzeit Aktiven und deren Nachfahren.

Die Ahnherrin des deutschen Kabaretts
Marya Delvard

Die erste Begegnung mit noch lebenden Aktiven war mit der Ahnherrin des deutschen Kabaretts, der französischen Chansonniere Marya Delvard, weiblicher Star der »Elf Scharfrichter« von 1901 und ihrem Markenzeichen.

Sie wurde 1958 als Vierundachtzigjährige vom damaligen Münchner Kulturreferenten Herbert Hohenemser in Poitiers entdeckt und zur Achthundertjahrfeier Münchens eingeladen. In einem Altenheim in Pullach empfing sie mich, eine Königin der Kunst, die Rechte zum Handkuß mir entgegenstreckend. Es wäre übertrieben zu sagen, daß sie mir alles Wissenswerte über die »Elf Scharfrichter« erzählt hätte, aber alles Wissenswerte und noch mehr über sich selbst. Und das tat sie mit einem unentrinnbaren Charme, während sie sich zwischendurch über die Banausität der »alten Weiber in diesem Heim« (die alle mindestens eineinhalb Jahrzehnte jünger waren als sie) aufregte, weil sie im Fernsehen statt des Pantomimen Marcel Marceau lieber »Monsieur Millowitsch« sehen wollten.

Als dann 1961 meine Geschichte des Kabaretts unter dem Titel »Die Muse mit der scharfen Zunge« erschien, rief Madame mich an und sagte empört: »Alle Insassen hier fragen mich hämisch: »Sind mit der ›Muse mit der scharfen Zunge‹ etwa Sie gemeint? Nun sagen Sie mir, Monsieur: Stimmt das?«

Es fiel mir schwer, sie zu beruhigen.

»Aber nein. Ich wollte damit nur die Mittelstellung zwischen Musischem und Satirischem, die das Kabarett einnimmt, zum Ausdruck bringen.«

Die weibliche Seele der »Elf Scharfrichter« von 1901: Die lothringische Diseuse Marya Delvard, hier 1958 in München im »Simpl«-Lokal (an der Wand ein Jugendbildnis von ihr).

»Das hätten Sie aber vielleicht auch anders ausdrücken können, n'est-ce pas, Monsieur?«

»Ich hatte mir zuerst einen anderen Titel ausgedacht...«

»Und wie lautete der?«

»Salzsäure mit Sekt.«

»Sehr schön, drückt genauso gut die Mittelstellung des Kabaretts aus.«

»Ja, aber der Verlag meinte, es würde potentielle Käufer vielleicht Überwindung kosten, in eine Buchhandlung zu gehen und zu fragen: Haben Sie bitte ›Salzsäure mit Sekt‹...?«

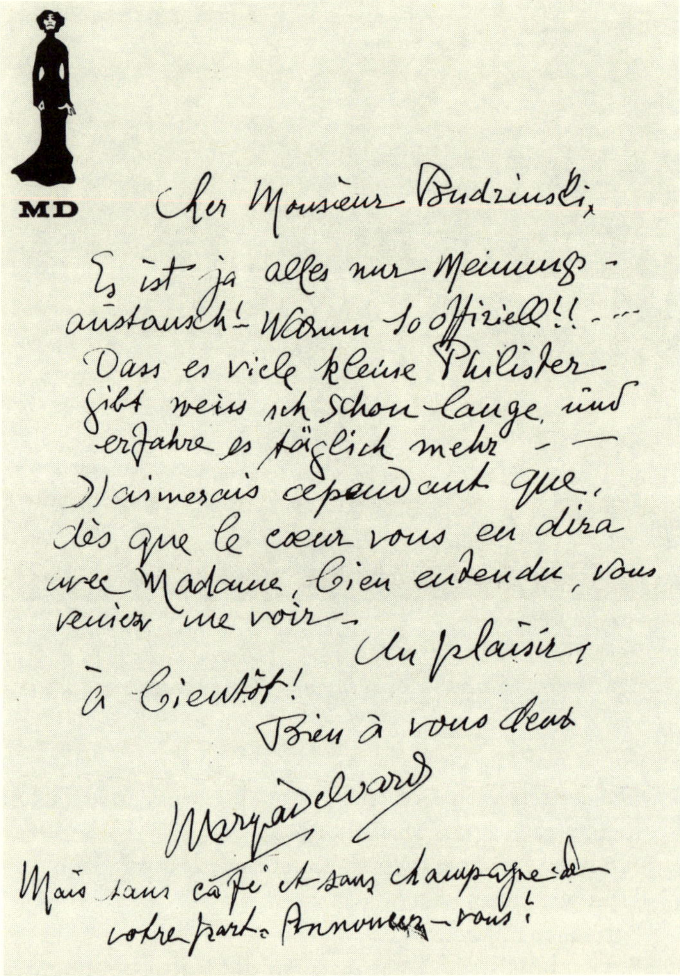

MD

Cher Monsieur Budzinski,

Es ist ja alles nur Meinungs-austausch! – Warum so offiziell!! ...
Dass es viele kleine Philister gibt weiss ich schon lange und erfahre es täglich mehr —
J'aimerais cependant que, dès que le cœur vous en dira avec Madame, bien entendu, vous veniez me voir.

Au plaisir,
à bientôt!

Bien à vous deux

Marya Delvard

Mais sans café et sans champagne de votre part. Annoncez-vous!

Brief von Marya Delvard an den Autor (1959).

Sie starb mit 91 Jahren und wurde, entgegen ihrer Verfügung, aufrecht stehend begraben zu werden, liegend bestattet. Das war Ende September 1965. An der Trauerzeremonie auf dem Münchner Nordfriedhof nahm unter anderen Frank Wedekinds Witwe Tilly teil, die der Verstorbenen über mehr als fünf Jahrzehnte hinweg deren Liaison mit Wedekind, lange Jahre, bevor sie selbst ihn kennenlernte, verargte. Das dementsprechende Hochgefühl trug sie denn auch zur Schau, als der Sarg in die Erde versenkt wurde.

Krach mit allen
VALESKA GERT

Zu den Kratzbürstigsten in der Kabarettszene gehörte Valeska Gert, in den zwanziger Jahren die Erfinderin des kabarettistischen Groteskanzes. Sie überschwemmte mich mit Briefen, in denen sie sich über Gott und die Welt und speziell die Interesselosigkeit deutscher Filmproduzenten beklagte. Sie beschimpfte mitunter auch mich selber, allerdings in einer für ihre Verhältnisse abgemilderten Form (»Journalist, da kann man nie wissen...«), und erklärte mir, sie habe ihr Leben lang noch mit allen Krach gehabt, warum dann ausgerechnet nicht auch mit mir? Immerhin roch Federico Fellini ihr makabres Talent und engagierte die Dreiundsiebzigjährige 1965 für seinen Film »Julia und die Geister« – so wie 1931 Bertolt Brecht (siehe Seite 24) ihr die Rolle der Mrs. Peachum in der »Dreigroschenoper«-Verfilmung anvertraut hatte.

Die Grotesktänzerin Valeska Gert in der Tanznummer »Laster« in den zwanziger Jahren.

Der »große, kleine Friedrich«
Friedrich Hollaender

Das Tingeltangel wurde ihm zum Schicksal. Als er für den Film »Der blaue Engel« – und damit für Marlene Dietrich – nachempfundene, allerdings veredelte Tingeltangel-Chansons schrieb und komponierte – »Ich bin a) die fesche Lola, b) von Kopf bis Fuß auf Liebe eingestellt«, wurde er mit einem Schlag weltberühmt. Als er sich von dem damit verdienten Geld ein eigenes Kabarett leistete, nannte er es »Tingeltangel-Theater«. 1933 wurde er von den Nazis daraus vertrieben. Als er – in die USA emigriert – 1934 in Hollywood sein »Tingeltangel-Theater« neu gründete, nannte ihn Stammgast Charlie Chaplin den »großen, kleinen Friedrich«; doch er und die anderen prominenten Gäste blieben nach und nach aus. Hollaender verlegte sich nun ganz aufs Komponieren von Filmmusiken; die Texte mußte er Einheimischen überlassen. Immerhin machten ihn seine amerikanischen Marlene-Songs »The Boys in the Backroom« und Schlagerchansons wie »Whispers in the Dark« und »Moonlight and Shadows« auch drüben berühmt.

1955 kehrte er nach Deutschland zurück und machte sich in München seßhaft, nachdem er in Hamburg mit einem kabarettistischen Stück, »Scherzo«, Schiffbruch erlitten hatte. Er war nun fast sechzig und glaubte seine Zukunft endgültig hinter sich.

Da begegnete er der damaligen Leiterin des Kabarett-Theaters »Die Kleine Freiheit«, Trude Kolman, die ebenfalls in eine Sackgasse geraten war, weil die Menschen im Sog des »Wirtschaftswunders« lieber den irdischeren Lebensgenüssen frönten als den geistigen: das Kabarett war wieder einmal tot.

Kurzum: Friedrich Hollaender und die Kolman zogen sich gegenseitig aus dem Sumpf, indem die Prinzipalin den kleinen Hollaender beauftragte, für ihr Theaterchen aus seinen alten Kabarettnummern und neu verfaßten, aktuellen Sketchen eine Kabarettrevue zu zimmern. Hollaender nahm sich das Thema Psychoanalyse vor und machte aus den Spitzen gegen die großen und kleinen Verrücktheiten von Zeit und Zeitgenossen eine – wie er es nannte – »Revuette« mit dem Titel »Hoppla – aufs Sofa!«.

Ich ging voller Erwartung und mit leerem Notizblock in die Premiere. Der Zuschauerraum verfinsterte sich. Da ertönte leise und wehmütig wie eine alte Weise »Ich bin von Kopf bis Fuß...« – da wurde es hell, und bei »auf Liebe eingestellt« lugte hinter einem aus der Bühnendekoration ausgeschnittenen Rechteck das runzelige Gesicht des alt und weise gewordenen Friedrich Hollaender hervor. Die Leute, darunter viele aus seinem alten Berliner Publikum, hielten einen Wimpernschlag lang den Atem an, um sogleich die Luft des Erkennens und der Freude in Lachen und Willkommensgejohl wieder auszustoßen.

Hollaender schrieb und komponierte dann weitere vier Revuetten, die alle jeweils über ein Jahr lang liefen, machte Fernsehsendungen, komponierte Musik zu satirischen Filmen (wie »Das Spukschloß im Spessart«) und verdiente mit seinen Nachkriegsrevuen mehr Geld als mit denen von 1926 bis 1933 zusammen.

Ich suchte ihn auf, um mir seine Lebens- und Wirkensgeschichte erzählen zu lassen, denn ich arbeitete damals an meiner Kulturgeschichte des literarischen Kabaretts. Mein Notizblock reichte dazu bei weitem nicht aus. Vom

Fronttheater des Ersten Weltkriegs ging es zu Max Reinhardts »Schall und Rauch« und weiteren Berliner literarisch-politischen Kabaretts, für die er zunächst Stücke zu Texten von Kurt Tucholsky, Walter Mehring (siehe Seite 170) und Klabund komponierte, bis er für seine Frau und Muse Blandine Ebinger »Lieder eines armen Mädchens« zu eigenen Texten vertonte und 1926 seine erste durchgehende Revuette mit Text und Musik am Berliner »Renaissance-Theater« herausbrachte und schließlich 1931 sein eigenes »Tingeltangel-Theater« eröffnete.

Dabei hatte er zunächst ein sogenannter »ernster« Musiker werden wollen. Hatte bei Humperdinck studiert und Gedichte von Rilke und Hofmannsthal vertont. Denn er entstammte einer Familie mit unterschiedlichen Talenten: Sein Vater Victor war im Berlin um die Jahrhundertwende ein bekannter Operettenkomponist, sein Onkel Gustav hatte als Geiger Karriere gemacht, und sein Onkel Felix war Romanschriftsteller und Chefdramaturg bei Max Reinhardt.

»Dabei hatte sich mein Großvater«, erzählte mir Hollaender schmunzelnd, »bei der Vornamensgebung für jeden einzelnen seiner Söhne eine besondere Laufbahn erhofft: Mein Onkel Gustav, den er nach Gustave Flaubert nannte, sollte Schriftsteller werden – und wurde Musiker. Onkel Felix, den er nach Felix Mendelssohn-Bartholdy nannte, sollte Musiker werden – und wurde Schriftsteller. Und mein Vater Victor, den Großpapa nach Victor Hugo nannte, sollte ebenfalls Schriftsteller werden – und wurde Operettenkomponist. Was blieb da für mich übrig?«

»Nun«, meinte ich, »von allem ein bißchen.«

»Sehr liebenswürdig«, sagte Hollaender.

»Sie schrieben Musiken zu literarischen Bühnenwerken wie Fritz von Unruhs ›Phäa‹, Wedekinds ›Kaiserin von

Friedrich Hollaender mit seiner zeitweiligen Ehefrau und lebenslangen Muse Blandine Ebinger in den fünfziger Jahren.

Neufundland‹, Else Lasker-Schülers ›Wupper‹ und zu Stücken von Ernst Toller und Walter Hasenclever. Daneben machten Sie Schlager wie ›Mein Liebchen, komm nach Liliput, da schmeckt der Tee mit Milli gut‹ und ›Seit wann bläst deine Großmama Posaune?‹«

»Es war halt Inflation, und mit literarischen Chansons war kein Geld zu verdienen. Und ›Liliput‹ wurde in mehrere Sprachen übersetzt, selbst ins Japanische, und obendrein in die dazugehörigen Währungen. Auch Tucholsky schrieb Sachen wie ›Zieh dir dein Dirndl an vom Tegernsee, daß ich dich küssen kann im grünen Klee‹. Aber mit seiner ›Roten Melodie‹...«

»›General, General, wag es nur nicht noch einmal!‹«

»Ja, damit machten wir hoffentlich einiges wieder gut, Tucho und ich.«

»Ein Zwischending war ›Johnny, wenn du Geburtstag hast‹, mit dem sich Marlene Dietrich auf den Höhepunkt ihrer Chansonkunst sang. Wie ist das zustandegekommen? Und wer war dieser Johnny?«

»Ein schwarzer Sänger in einer kleinen Bar, der allen Mädchen das Herz brach und derjenigen, die das Lied sang, ein Kind bescherte. Aber diese schwermütige, etwas kitschige Schlußstrophe wurde später weggelassen. Übrigens habe ich das Chanson ursprünglich für Blandine Ebinger geschrieben, und auch das mehr aus Zufall.«

»Erzählen Sie.«

»Gut, Sie sollen es als erster erfahren: Blandine und ich waren zu einer Geburtstags-Party eingeladen und hatten uns ›fein gemacht‹. Das heißt, ich war schon ›fein‹, hatte schon meine weißen Ausgehhandschuhe an; nur Blandine wurde und wurde nicht fertig. Da stellte ich mich vor den Flügel und fing an, eine Melodie zu klimpern: Lá-la, la-la-la-la-la-lá-. Das dauerte eine Minute, und noch eine weitere brauchte ich für das weitere. Blandine war noch lange nicht fertig, aber ich, mit dem ›Johnny‹. Natürlich wollte sie es gleich singen, aber der Einladende hieß weder Johnny, noch war er jung, noch schwarz – und Blandine hatte es nicht einstudiert. Als Marlene dann, von ihrem Triumphzug in Hollywood 1931 kurz nach Berlin zurückgekehrt, in meinem ›Tingeltangel-Theater‹ in der Pause ihr ›Von Kopf bis Fuß‹ sang, wollte Blandine nach diesem rauschenden Erfolg partout nicht auftreten. Es gab Krach, und dann sang sie doch, und zwar den ›Johnny‹; woraufhin Marlene auf den Geschmack kam und das Chanson klammheimlich in ihr Repertoire aufnahm.«

»Und in Amerika trafen Sie Marlene wieder?«

»Es ergab sich die groteske Situation, daß ein deutscher Komponist für eine deutsche Schauspielerin in einem typischen Western einen typischen Western-Song schrieb. Und daß das beim amerikanischen Publikum auch ankam.«

»Das war ›The Boys in the Backroom‹.«

»Es blieb, Gott sei Dank, nicht das einzig ›Amerikanische‹, das ich drüben komponiert habe.«

»Und warum sind Sie dann nach dem Krieg nach Deutschland zurückgekehrt?«

»Ach, wissen Sie, es gibt ja noch mehr als nur Geldverdienen. Man muß gewisse Dinge haben, die man dort nicht loswerden kann, wie zum Beispiel ›Gemütlichkeit‹ oder eine intelligente Aussprache – Dinge, die einem Europäer nicht aus dem Blut gehen.«

»Und doch sind Sie nach Ihrer ersten Rückkehr 1952 schnell wieder in die Staaten geflüchtet.«

»Ja, ›geflüchtet‹ ist der richtige Ausdruck, wenn auch nicht zu vergleichen mit meiner Flucht 1933. Diesmal war sie freiwillig: Ich hatte Dachau besucht, und das hat mir gereicht.«

»Aber drei Jahre später kamen Sie dennoch zurück. Und diesmal für immer.«

»Man soll nie ›für immer‹ sagen. Aber nun bin ich hier und lebe versöhnt.«

»Versöhnt mit Ihrem alten und verstanden von Ihrem neuen Publikum?«

»So ist es. Trude Kolman, die 1933 für eineinhalb Jahre mein ›Tingeltangel-Theater‹ weitergeführt hatte, bis sie selber emigrieren mußte, setzte auf mich als ihre sozusagen letzte Hoffnung. Was nebenbei nicht an ihr lag.«

»Sondern?«

»An dem Wandel der Zeiten. Als sie 1951 in München ihr Kabarett-Theater ›Die Kleine Freiheit‹ eröffnete, war das Interesse des Publikums am literarisch-politischen Kabarett noch hellwach. 1956 aber hatte das sogenannte ›Wirtschaftswunder‹ dieses Interesse weitgehend über den Bauch eingeschläfert. Nun wollten die Leute zum Nachtisch leichte, gut verdauliche Kost.«

»Konnten Sie Ihnen denn die liefern?«

»Ja, weil ich meine Zeitkritik in das süße Omelett süffiger Verse und gefälliger Musik einwickelte, wie ich meine.«

»... die das Publikum genüßlich verspeiste und den bitteren Kern ausspuckte?«

«Nicht ganz. Doch je älter ich wurde, desto deutlicher wurde mir, daß, wie ich es in meinem Chanson ›Spötterdämmerung‹ ausdrückte, die ›Bon mots beginnen zu rosten‹. Es brenzeln die Wortspielerei'n in einer Welt der Mordspielerei'n, weshalb ›aus der Belämmerung kein Witz zu holen‹ ist.«

»Resignation?«

»Ja und nein. Ich lebe. Ich habe mein Publikum. Und ein bißchen Geld verdiene ich auch. Was will man mehr?«

»Herr Hollaender, ich danke Ihnen für dieses Gespräch.«

»... und den *Spiegel* lese ich auch.«

»Man müßte Klavier spielen können...« Rudolf Nelson

Einem anderen großen alten Mann des Kabaretts begegnete ich 1959 in Berlin. Es war Rudolf Nelson, über dessen musikalisch-delikate Chansons schon unsere Großmütter in Verzückung geraten waren, etwa über »Das Ladenmädel« (»Erst kamen die Blusen, die Kleider... und dann, und dann kam sie.«) Sogar Kaiser Wilhelm II. hatte sich die Schmonzette vom Komponisten persönlich vorspielen lassen.

Nelson, ein kleiner, kugelköpfiger Mann mit Glatze und Hakennase, hatte dank der Ehe mit seiner »arischen« Frau, der Chansonniere Käte Erlholz, das niederländische Exil überlebt und war 1949 mit 71 Jahren nach Berlin zurückgekehrt, wo er noch einmal, zusammen mit Günter Neumann, kabarettistische Revuen kreierte. Dutzende Schlager-Chansons hatte er komponiert wie »Wenn du meine Tante siehst«, »Fang nie was mit Verwandtschaft an!« (Text: Kurt Tucholksy), »Peter, Peter, komm zu mir zurück« (für Marlene Dietrich) oder »Mir ist heut so nach Tamerlan«. Nun saß er mit mir in seiner bescheidenen Neubauwohnung am Breitenbachplatz und spielte mir zwei Musiken vor, mit denen ich nichts anfangen konnte: Die eine ließ im sanften Walzertakt an segelnde Jollen denken, die andere jagte in einem schnellen Rhythmus dahin.

»Haben Sie das auch komponiert?« fragte ich ihn.

»Ja.«

»Auch fürs Kabarett?«

Zeitgenössische Karikatur von Rudolf Nelson, dem Schöpfer des großstädtischen Kabarett-Chansons mit dem »perlenden« (Tucholsky) Tastenanschlag.

»Nein, für amerikanische Wochenschauen: die erste als Hintergrundmusik für weiche Sommerstimmungen, die zweite für Berichte von Rennsportereignissen.«

»Warum um Gotteswillen das – bei Ihrem Talent?«

»Junger Freund«, sagte da der alte Meister, »mit diesen Musiken, die fast jede Woche in den amerikanischen Kinos neu gespielt wurden, habe ich hundertmal mehr verdient als mit all meinen Kabarettchansons zusammen. Und leben muß ja unsereins auch ein bißchen.«

Er lebte gut und aus dem vollen, trank bis nach Mitternacht seinen Sekt und bezauberte noch als Achtzigjähriger jüngere Frauen mit seinem hinreißenden Anschlag auf dem Flügel.

Sie lüpfte gern die Wade:
Trude Hesterberg

Sie war ein Phänomen der deutschen Bühne. In allen Sätteln gerecht, konnte die Hesterberg vor allem die Operettensoubrette mit der Chansonsängerin in Einklang bringen, was – nach dem Motto: Um ein Chanson richtig zu bringen, darf man nicht können singen – eine große Seltenheit ist. Nach ihrem Oper- und Konzert-Studium am Berliner Stern'schen Konservatorium engagierte Max Reinhardt die zwanzigjährige Tochter eines Berliner Drogisten an sein »Deutsches Theater« und ließ sie die Claudine in Molières »Georges Dandin« spielen. Als sie ein Jahr später zu der Revue »Kölle, dat is jett för dich« nach Köln ging, gab ihr Reinhardts Bruder und Verwaltungsdirektor Edmund eine Ohrfeige. Trotzdem amüsierte sie sich nach eigener Aussage köstlich mit den Bonner Husaren. Und als sie wieder ein Jahr später in der Saison 1914/15 am Berliner »Admiralspalast« in einer Revue sang »Zieh aus dein Jackett, mein Röschen, zieh aus Strümpf und Seidenhöschen«, schüttelte der im Publikum anwesende Max Reinhardt den Kopf: »Jammerschade, wo Sie bei mir Molière gespielt haben. Sie sollten sich nach besseren Texten umsehen.«

Trude Hesterberg nahm es sich zu Herzen und stieß auf Texte von Walter Mehring (siehe Seite 170) und Hans Janowitz. Und sprang in Reinhardts Kabarett »Schall und Rauch« für eine erkrankte Kollegin, die große Tucholsky-Interpretin Gussy Holl, ein. Und wurde eine der großen Chansonnieren der zwanziger Jahre. Was sie nicht hinderte, nach dem Brand ihres inzwischen mit eigenen Mitteln gegründeten literarischen Kabaretts »Wilde Bühne« 1923 wieder zur Operette und zur Revue zu gehen und der großen Fritzi Massary am Metropoltheater vierhundertmal die »Lustige Witwe« nachzusingen. Natürlich ließ sie auch Brecht nicht aus, dessen »Witwe Begbick« in »Mahagonny« sie 1931 in der Berliner Uraufführung sang und spielte. Wie gesagt: ein Allround-Bühnenphänomen.

Ich lernte sie nach dem Zweiten Weltkrieg in München kennen. Sie hatte gerade an den Münchner Kammerspielen die Mrs. Peachum in der »Dreigroschenoper« gespielt, mit Hans Albers (siehe Seite 98) als Macky Messer, und suchte nach neuen Betätigungen. Sang ihre alten Chansons im Kellerkabarett »Die Zwiebel«, synchronisierte und war heiter und guter Dinge, so, als ob sie nicht schnurstracks auf die Sechzig zuginge.

Als ich zu einem Kongreß über die zwanziger Jahre an den Kammerspielen 1960 eine entsprechende Kabarettrevue produzierte, war sie Feuer und Flamme. Ich nannte die Revue »Ach, du goldene Zeit!« mit dem Unterton: »Ach, du liebe Zeit – schon wieder die Zwanziger!«, nicht ahnend, daß die aus ihnen verwursteten Revuen danach erst so richtig losgehen sollten.

Trude Hesterberg sang darin »Die Arie der großen Hure Presse«, die sie vierzig Jahre zuvor in ihrer »Wilden Bühne« kreiert hatte und nun im Verein mit den Autoren Walter Mehring und Werner Richard Heymann mühsam rekonstruierte (siehe Seite 70).

Bei den Proben lüpfte sie auffallend oft ihren zivilen Rock. Zugegeben, ihre Beine waren immer noch tadellos in Form, nur meinte die Kostümbildnerin Maleen Pacha, daß derartige Gesten bei einer Achtundsechzigjährigen ein wenig peinlich wirken könnten. Kurzerhand machte

In allen Sätteln gerecht: Trude Hesterberg – Schauspielerin, Kabarettistin, Operettensoubrette, Revuestar und Diseuse der zwanziger Jahre – hier in den fünfziger Jahren beim Vortrag des Chansons »Die Knöpfelschuhe« von Leo Heller und Werner Richard Heymann (siehe Seite 70).

sie das Kostüm für sie unter dem Knie so eng, daß es sich beim besten Willen nicht über dasselbe hinaufziehen ließ. Nach alter Gewohnheit und ihrer Meinung nach im Ein-

klang mit dem Text, versuchte die Hesterberg bei den Proben verzweifelt, den unteren Kleidersaum bis auf halbe Schenkelhöhe hinaufzuziehen – vergebens. Selbst bei der Premiere zuckte ihre Hand automatisch an den Kostümsaum. Bis sie es nach der dritten Vorstellung aufgab.
Da hatte es Therese Giehse (siehe Seite 212) leichter. Da sie niemals auch nur annähernd so hübsch gewesen war wie die Hesterberg, marschierte sie auf die Glitzerszene unversehens im dunklen Zivilkostüm, setzte die Hornbrille auf, las einen Text von Brecht und ging mit Dragonerschritten ab in die Kulisse. Die Wirkung war ungeheuer: Es war ein Schwarztupfer in der bunten Talmi-Farbenpracht der ach, so goldenen Zwanziger.

Dennoch: Beide »Zirkuspferde«, wie die Theaterwelt diese unverwüstlichen Komödiantinnen anerkennend nennt, bildeten wirkungsvoll die Pole, zwischen denen sich das Dezennium bewegt hatte.

Ein sanfter Eulenspiegel
Werner Finck

Da stand der großgewachsene, schlaksige Mann allein auf der Bühne der »Kleinen Freiheit« in der Maximilianstraße, wußte nicht, wohin mit Armen und Beinen, versprach sich, verhaspelte sich und entließ stenogrammartig Satzfetzen aus seinem Mund. Aber alles das hatte, wie der Zuhörer bald herausfand, Methode. Es war ein geschickt verpackter Geheimcode, auf den die Zeitgenossen sich erst einmal einstellen mußten, bis sie die Hintergründigkeit – und zuweilen Hinterfotzigkeit – des Vorgetragenen begriffen.

Eine vorangegangene Generation hatte diese halb ausgesprochenen Anspielungen noch auf Anhieb verstanden. Das war zu Zeiten, da man sich auf das Lesen und Hören zwischen den Zeilen eingestellt hatte, hatte einstellen müssen, weil das geradeheraus Ausgesprochene den Kopf, zumindest aber Freiheit oder Existenz, kosten konnte. Ein Mythos geistigen Widerstands stand da oben. Er hieß Werner Finck.

Leibhaftig sah und hörte ich ihn zum erstenmal 1953. Als Mythos war er uns aus der Nazizeit geläufig. Seine Bonmots gingen im Volksmund um wie die Sprüche Karl Valentins, auch wenn beide ausnahmsweise mal nicht die Urheber waren. So schrieb man Werner Finck die Bemerkung zu, man solle doch bei gewissen Sprichwörtern nicht so schamlos übertreiben, so zum Beispiel bei der Redensart »Lügen haben kurze Beine«; da würde es doch auch der Singular tun. Und jeder dachte bei der Formulierung »Die Lüge hat ein kurzes Bein« an den hinkenden Propagandaminister Goebbels. Der hatte denn auch eine besondere Wut auf den nicht zu Fassenden. Nachdem er ihn 1935 nach der staatspolizeilich verfügten Schließung von Fincks Kabarett »Die Katakombe« für ein paar »heilsame« Wochen in ein KZ hatte sperren lassen, begrüßte ihn Finck, inzwischen wieder auf freiem Fuß, auf dem Berliner Film- und Presseball mit ausgestreckter Hand und den versöhnlichen Worten: »Na, Herr Minister, wollen wir uns wieder vertragen?« Da half nur die Intervention der Schauspielerin Käthe Dorsch bei des Ministers NS-Rivalen Göring, um Finck vor einer Wiederholung der Kur zu bewahren. (Als ich ihn später fragte, wie er denn so waghalsig sein konnte, sagte er, ein richtiger Kabarettist könne ein Bonmot einfach nicht unterdrücken, auch wenn er es wollte.)

Sein Vortragsabend in der »Kleinen Freiheit« stand unter dem Motto »Am besten nichts Neues« und befaßte sich mit dem listigen Durchgeschlängel dieses modernen Eulenspiegels durch das »Dritte Reich«. Als ich mich ihm nach seinem Auftritt vorstellte, sagte er, auf manches Nichtverstehen auf seiten des Publikums anspielend: »Früher brauchte man nur mit einem Hämmerchen an ein Glöckchen zu schlagen, und die Leute tobten vor Vergnügen; heute dagegen kann man mit einem Vorschlaghammer auf eine Kirchturmglocke eindreschen, und die Leute fragen: Ist was?«

Aus dieser Begegnung entwickelte sich bald eine Zusammenarbeit. Werner Finck hatte ein schmales Bändchen mit frühen Gedichten und feuilletonistischen Betrachtungen herausgegeben, das sich in der Hauptsache aber auf mündliche Conferencen beschränkt. Der Anblick eines riesigen Schrankes in seiner Wohnung, in dem er sämtli-

»Marschieren die nicht schon wieder?«: Werner Finck, hellhörig im Jahre 1956 angesichts des Aufbaus der Bundeswehr.

che Zeugnisse seines Lebens nach einem internationalen Archivschlüssel aufbewahrte, brachte mich auf eine Idee: Wie wäre es, wenn Finck anhand all dieser Dokumente – Briefe, Fotos, Erinnerungsstücke – eine originell bebilderte Autobiographie machte. In den dreißiger Jahren hatte die Schriftstellerin Dinah Nelken unter dem Titel »Ich an Dich« einen Roman in Briefen herausgebracht, in dem die Stationen einer Liebesgeschichte mit faksimilierten, teils eingeklebten Dokumenten wie Notizzetteln, Kinobilletts, Liebesworten auf Speisekarten, Rechnungen und dergleichen sich sozusagen selbst darstellten. »Sowas könnte man doch mit Ihren echten Dokumenten auch versuchen«, schlug ich vor. Werner Finck war einverstanden und kramte sofort in seinem Schrank. »Interessiert Sie meine erste Locke?« fragte er und suchte, ohne eine Antwort abzuwarten, in seinem Archivregister. »Aha«, sagte er nach einer Weile, »hier ist es: AC 5027 bx/34.« Tatsächlich fand er unter dieser Nummer die bewußte Locke, aber da man sie nicht gut den 5000 vorgesehenen Buchexemplaren original beifügen konnte, ließen wir diese Idee fallen.

Schließlich fanden wir aber übergenug Zeugnisse seines Lebens, von seinen jugendbewegten Schwarmgedichten über das Urteil eines Theaterdirektors (»Als Hamlet total ungeeignet, höchstens vielleicht als Komiker zu verwenden«) bis hin zu den Spitzelberichten der Gestapo über seine Auftritte in der »Katakombe«. Sogleich fiel Finck dazu ein, wie er einmal die mitschreibenden Gestapoleute gefragt hatte: »Meine Herren, spreche ich langsam genug, kommen Sie mit? Oder soll etwa ich mitkommen?«

Bei alledem bestand nur die eine Schwierigkeit: Finck konnte, wie er sagte, in seinem Stil nicht schreiben, sondern nur sprechen. Nun mußten aber die Zwischenräume zwischen den Dokumenten mit Texten gefüllt werden. Er sprach sie mir auf Tonband, ich schrieb sie nieder, doch da gefielen ihm seine Formulierungen nicht mehr, so daß er sie korrigierte, dann aber meine entsprechenden Einarbeitungen erneut rügte, indem er meinte, das höre sich nicht finckisch genug an. Kurzum, die gemeinsame Arbeit an dem Buch dauerte runde fünf Jahre. Schon sollten die Druckmaschinen anlaufen, da kam Finck mit weiteren Dokumenten. Der Verlag, inzwischen auf die Ausuferungen der Finckschen Arbeitsmethoden geeicht, machte aus der Not eine Tugend und druckte die letzten Einfälle des Autors auf den hinteren Buchdeckel. So wurde aus der Grundidee ein reizendes Sammelsurium aus dem Leben eines deutschen Schweijk – eines seiner Erinnerungsprogramme an seine Militärzeit nannte er denn auch »Der brave Soldat schweigt« –, das 1966 unter dem Titel »Witz als Schicksal – Schicksal als Witz« erschien, aber leider nicht allzuviel Anklang fand. Dazu war Fincks Witz zu fein gesponnen.

Als er viel später in der TV-Sendung »Was bin ich?« erschien und eine inzwischen herausgebrachte Sammlung einiger späterer Texte den Fernsehzuschauern gezeigt wurde, stieß dieser Auftritt eine enorme Nachfrage nach dem Buch an, das sogar in Warenhäusern reißenden Absatz fand. Plötzlich war Werner Finck ein steinreicher Mann. Um für sein Alter vorzusorgen, kaufte er sich in den damals groß propagierten IOS-Investment-Fonds ein, zog in eine Villa am Starnberger See und – verlor nach der IOS-Pleite sein ganzes Geld.

Wir hatten bei der Arbeit an seiner Autobiographie naturgemäß sehr viel Spaß miteinander. Es war die Zeit, als der sowjetische Partei- und Regierungschef Chrustschow neue Hoffnung auf eine friedliche Koexistenz zwischen Ost und West erweckte. »Aber irgend etwas kann doch in Rußland mit der Politik nicht stimmen«, meinte Finck eines Tages zu mir. »Sonst gäbe es dort doch nicht so viele Kommunisten.«

Werner Finck war zeit seines Lebens ein konservativer Mensch. Er verstand sich in seiner Zeitkritik nicht als Satiriker, sondern als Humorist. »Der Unterschied«, belehrte er mich, »ist der: Der Satiriker verhängt die Todesstrafe, der Humorist gibt Bewährung.« Satiriker wie Kästner und Tucholsky wären damals sofort geschaßt gewesen, ihn aber hätten die Nazis nie auf eindeutige Kritik festlegen können. Auf die Frage eines ihn verhörenden Gestapomannes, »Sagen Sie mal, Herr Finck, was haben Sie eigentlich gegen uns Nationalsozialisten?«, hätte er geantwortet: »Ich habe gar nichts gegen Sie, Sie haben etwas gegen mich.« Selbst die in seinen Vorstellungen mitschreibenden Spitzel hätten in seinen Formulierungen nichts Regimekritisches feststellen können und sich, um seine Gefährlichkeit zu belegen, auf die verständnisvoll lachenden Reaktionen des Publikums berufen.

So konservativ er war, so sehr fühlte er sich von seinem Antipoden von links, von Bertolt Brecht (siehe Seite 24), verstanden. Der hatte nach Werner Fincks erstem Auftritt nach dem Kriege in Zürich 1947 gedichtet:

Bertolt Brecht

Eulenspiegel überlebt den Krieg

(Werner Finck gewidmet)

Gleichend einer madigen Leich
lag das dutzendjährige Reich
als, fünfhundert Jahre alt,
Eulenspiegel in Gestalt
sich den Schweizern präsentierte
und, für eine Mahlzeit, referierte,
wie, indem er Witze riß und bebte
er die großen Zeiten überlebte.
Denn es war für Späßemacher
die SS ein schlechter Lacher:
Eulenspieglein an der Wand,
wer ist der dümmste im ganzen Land?
Nun, da galt es mittlerweilen,
sich die Späße einzuteilen,
eng den Gurt zu schnallen und gelassen
grad nur so viel Witze zu verpassen,
als man unbedingt zum Leben brauchte,
daß die Bestie höchstens einmal fauchte
doch nicht biß. Und als der große
gütevolle, würdenlose
Späßevogel diese knappe
Zeit beschrieb, da wars als klappe
geisterhaft ihm manche tote
Hand noch Beifall von dem Aufgebote
derer unter Schutt und Aschehügel.
Und es war als wüchsen Flügel
unserm ungelenken Gaste
der in große Zeit nicht paßte
und, indem er witzig war und bebte
wie das niedre Volk sie überlebte.

Zürich 14. Nov. 47 Bertolt Brecht

Reinschrift des Gedichts »Eulenspiegel überlebt den Krieg«, das Bertolt Brecht 1947 Werner Finck nach dessen Gastspiel in Zürich widmete.

Der Kindererfinder
ERICH KÄSTNER

Was für andere Jungen meines Alters Karl May gewesen, war für mich Erich Kästner. Als Ende der zwanziger Jahre sein erstes Kinderbuch »Emil und die Detektive« erschienen war, mußte mir meine Mutter daraus vorlesen – gewissermaßen zur Ermutigung im Ertragen meines desolaten Zustandes, bei unserem Arzt mit dem Kopf unter einer unbarmherzig heißen Bestrahlungslampe auszuharren, bis die Stirnhöhlenvereiterung vorüber war. Merkwürdigerweise erkundigten sich die übrigen in diesem Behandlungszimmer duldenden erwachsenen Patienten verdächtig oft danach, wann denn der junge B. wieder bestrahlt werde, und richteten es möglichst so ein, daß sie keine Fortsetzung des »Emil« verpaßten.

Was waren das alle für tolle Kerle, die dem bestohlenen Emil beistanden und eine regelrechte Verfolgungsjagd auf den Dieb veranstalteten! Jeder einzelne eine kleine Persönlichkeit, wie man sie aus dem richtigen Leben zu kennen glaubte. Dieser Kästner mußte den Seelenkern der Berliner Straßenjungen ganz tief erfaßt haben.

Wie ernüchtert war ich, als ich nach dem Krieg Erich Kästner in München kennenlernte. Vor mir saß ein verklemmter, wortkarger, unwitziger Mann, dem man die Würmer nur so aus der Nase ziehen mußte. Und als ich dann von der Verleihfirma des Films »Das fliegende Klassenzimmer« nach Kästners berühmtem Roman zu einem für die Presse arrangierten Kaffeeklatsch im Garten von Kästners Haus im Münchner Herzogpark eingeladen war, zusammen mit dem Aufnahmestab und einem halben

Dutzend Kinderdarsteller, da wurde mir klar, daß Kästner seine Romankinder immer nur erfunden haben mußte. Denn weder konnten die Filmkinder etwas mit ihm anfangen, noch er mit ihnen. So löffelten sie ihre Schlagsahnekuchen und schlürften ihren Kakao, ohne den guten Onkel eines Blickes zu würdigen, der sichtlich gequält dieses Promotion-Spiel mitspielte.

Durch gutes Zureden seiner damaligen Sekretärin hat er mir dann aber doch eine sehr persönliche Widmung in sein Büchlein »Doktor Erich Kästners Lyrische Hausapotheke« geschrieben:

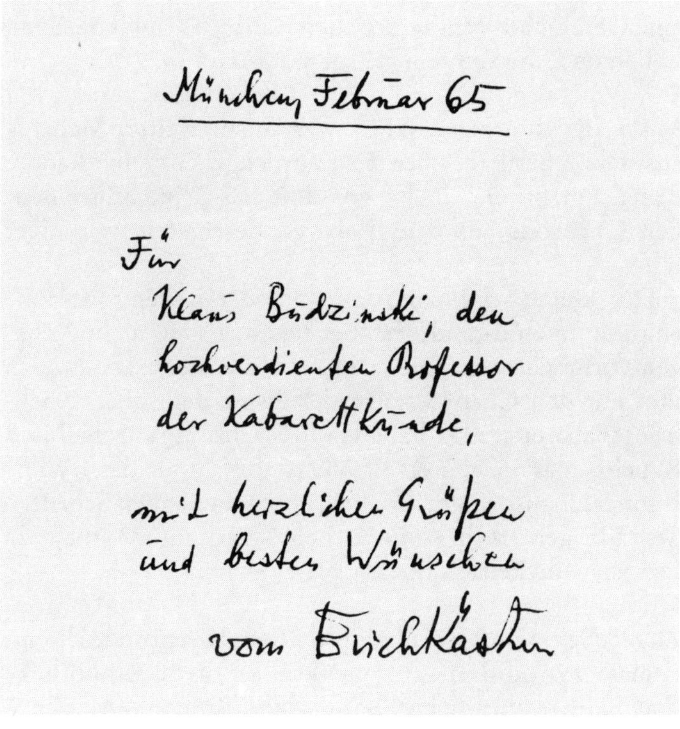

München, Februar 65

Für
Klaus Budzinski, den
hochverdienten Professor
der Kabarettkunde,

mit herzlichen Grüßen
und besten Wünschen
vom Erich Kästner

Satiriker zwischen Prophetie und Flunkerei
Walter Mehring

Da in den fünfziger Jahren unter den Heimkehrern aus dem Exil (auch dem inneren) relativ viele Kabarettisten und satirische Schriftsteller waren – Werner Finck (siehe Seite 161), Erich Kästner (siehe Seite 168) aus dem inneren; Friedrich Hollaender (siehe Seite 148), Robert Gilbert, Walter Mehring, Robert Neumann (siehe Seite 209) aus dem äußeren –, war mir der Gedanke gekommen, aus den mit ihnen geführten Interviews ein Buch zu machen: eine Geschichte des literarischen Kabaretts, aufgehängt an Leben und Werken seiner Protagonisten.

Mitte der fünfziger Jahre war auch Walter Mehring aus dem amerikanischen Exil zurückgekehrt. Ich kannte damals nicht viel mehr von ihm als seine mitreißenden Chansons aus dem Kabarett der ersten zwanziger Jahre.

Der kleine, zierliche Mann mit der heiseren Stimme empfing mich freundlich, aber schon, als ich mein Anliegen vorbrachte, stöhnte er und meinte, stets sähe man in ihm nur den Chansonautor der ersten deutschen Nachkriegskabaretts: »Da habe ich drei Jahre fürs ›Schall und Rauch‹, das ›Cabaret Größenwahn‹ und die ›Wilde Bühne‹ Chansons geschrieben, aber von meinen Schriften der übrigen bisher 46 Lebensjahre nimmt man in Deutschland heute keine Notiz.«

Zugegeben: Von Mehrings großartiger Inventur des literarischen 19. Jahrhunderts in »Die verlorene Bibliothek« und seinem herrlichen satirischen Roman »Müller –

Chronik einer deutschen Sippe« hatte ich damals noch nichts gehört. Mich interessierte halt nur der Kabarettautor Walter Mehring, über dessen Chansons Kollegen wie Tucholsky und Joseph Roth Hymnen geschrieben hatten, ja, der dieses moderne Großstadtchanson überhaupt erst geschaffen hatte.

»Herr Mehring, wie entstand denn Ihr erstes Chanson?« fragte ich ihn.

»Aus Verzweiflung.«

»Wie das?«

»Ich gehörte nach dem Ersten Weltkrieg der militanten Berliner Dada-Bewegung an, und unsere öffentlichen Provokationen hatten immer etwas Satirisches, ja Kabarettistisches an sich. Nun hatte Max Reinhardt zusätzlich zu seinem Deutschen Theater den ehemaligen Zirkus Schumann gegenüber für seine großen Klassikeraufführungen erworben. Und als er Ende November 1919 in dem dreitausend Zuschauer fassenden Zirkusrund die ›Orestie‹ des Aischylos inszenierte, wollte er gleichzeitig in den unterirdischen ehemaligen Stallungen als Travestie darauf eine moderne kabarettistische Fassung des antiken Stoffes aufführen. Ich schrieb ihm dazu ein Puppenspiel, ›Einfach klassisch – Eine Orestie mit glücklichem Ausgang‹, mit Orest als Freikorps-Offizier und Ägisth als Reichspräsident Ebert. George Grosz hatte dazu die Figurinen entworfen, John Heartfield modellierte sie, mannshoch! Und wir anderen Dadaisten saßen im Parkett und machten bissige Zwischenrufe, bis das Ganze mit Beschimpfungen Max Reinhardts als Theaterskandal endete.

Damit hielt ich die begonnene Zusammenarbeit mit Reinhardt für beendet. Umso mehr wunderte ich mich, als Reinhardt mich kurz danach anrief und mich bat, für sein wiedererstandenes Kabarett ›Schall und Rauch‹ Chansons zu schreiben. Was ein französisches Chanson war, wußte

Zurück aus dem amerikanischen Exil: Der satirische Schriftsteller und Autor großer literarischer Chansons in den zwanziger Jahren, Walter Mehring, fotografiert in den fünfziger Jahren.

ich aus den Gastspielen der Yvette Guilbert in Berlin. Ein deutsches Pendant dazu, das den Namen ›Chanson‹ verdient hätte, gab es nicht. Also fragte ich meine Mutter, die Opernsängerin war, was denn in so einem Chanson drin stehen müßte – vielleicht etwas von Liebe und von Noske? (Noske hatte als SPD-Reichswehrminister den Spartakusaufstand blutig niederschlagen lassen.) ›Ja‹, sagte meine Mutter, ›schreib das!‹ Und so schrieb ich mein erstes Kabarettchanson mit dem Refrain: ›Da ist was vom Lieben drin und was von Noske‹...«

»Aber das blieb nicht das einzige.«

»Nein, vor allem, weil ich schnelles Geld verdienen mußte. Und das Chansonschreiben machte mich bekannt, so daß ich mehr und mehr Literarisches in Buchform veröffentlichen konnte, um nicht zu verhungern.«

Und dann erzählte mir Mehring einige scharf pointierte Fluchterlebnisse – so scharf pointiert, daß an ihrem Wahrheitsgehalt einige Zweifel erlaubt sind, wie 1983 ein amerikanischer Literaturwissenschaftler feststellte. Mir selbst (und vielen anderen, die Mehring kannten und mochten) war zum Beispiel die Geschichte mit dem ihm angeblich gestohlenen Koffer mit 1000 Manuskriptseiten darin nicht recht geheuer vorgekommen, die Mehring in den sechziger Jahren dem Magazin *stern* erzählt hatte.

So will Mehring im Februar 1933 von einem ihm wohlgesonnenen Ministerialrat telefonisch vor seiner bevorstehenden Verhaftung gewarnt worden sein. Er selber habe wiederum den Herausgeber der *Weltbühne,* Carl von Ossietzky, gewarnt, aber bei ihm kein Gehör gefunden, wohl aber bei Brecht, der schon fast unterm Messer in einer Berliner Klinik gelegen habe und zunächst meinte, ob eine Flucht vom Operationstisch weg nicht »gefährlich« sei. Bereits auf seiner Flucht 1940 aus dem von den Deutschen besetzten Teil Frankreichs wollte er einen Koffer voller Manuskripte verloren haben. Sehr hübsch klingt seine Geschichte, wie ihm die Flucht aus einem französischen Internierungslager gelungen sei:

Man hatte ihn wieder mal zu einem Verhör in die neben dem Tor liegende Wachstube geführt, als er, während der Wachhabende telefonierte, darum bat, austreten zu dürfen. Heimlich habe er sich an dem draußen stehenden Wachposten vorbeigestohlen, sich umgedreht und diesen gefragt, ob er kurz seinen eingesperrten Bruder sprechen dürfte. »Wie heißt denn Ihr Bruder?« habe der Posten unwirsch zurückgefragt.

»Walter Mehring.«

»Nein, den können Sie nicht sprechen.«

Und als Mehring zögerte, sich zu trollen, habe der Posten gesagt: »Hauen Sie schleunigst ab, sonst können Sie Ihren Bruder *drinnen* wiedersehen!«

Und Mehring habe pflichtschuldigst diesen Befehl befolgt und sich mit trauriger Miene in die Freiheit geschlagen.

Als Walter Mehring endlich eine beträchtliche Wiedergutmachung erhalten hatte und nach West-Berlin wollte, fragte ich ihn scherzhaft »Was machen Sie denn nun mit dem vielen Geld?« und erbot mich, ihn bei meinem bevorstehenden Besuch meiner in West-Berlin lebenden Eltern im Wagen mitzunehmen. Zunächst lehnte er höflich ab, weil er in der DDR als entschiedener Antikommunist nicht wohlgelitten sei. Seiner Freundin Hertha Pauli aber erzählte er: »Stell dir vor, der Budzinski will mich mitsamt meinem Geld dem Walter Ulbricht ausliefern.« Als ich bei einem Treffen zwischen Mehring, Hertha Pauli, Franz Theodor Czokor und einigen anderen Literaten in einem Café in der Münchner Maximilianstraße ihr meine Bestürzung über diese Unterstellung mitteilte, tröstete sie mich: »Machen Sie sich nichts draus. Solange ich Walter kenne, fühlt er sich verfolgt, sieht überall Fallstricke und ist mit sich und der Welt zerfallen.«

Mit dem Münchner Journalisten Thilo von Uslar, der den Claassen Verlag, Düsseldorf, zu einer Mehring-Gesamtausgabe hatte bewegen können, zerstritt sich Mehring, der bis dahin geklagt hatte, daß seine Schriften nirgends in Deutschland veröffentlicht würden, wegen Lappalien. Schon 1944 hatte Hermann Kesten in dem amerikanischen Literaturblatt *The Nation* geschrieben:

»Mehring jammert ständig, auch wenn es ihm besser geht – gut ging es ihm bis jetzt noch nie.« Und er erinnert sich, daß sich selbst Mehrings noch so abstrus erscheinende Prophezeiungen meistens als wahr erwiesen hätten: »Das Problem des modernen Satirikers ist, daß ihm keiner glauben will.« Und ich möchte hinzufügen: selbst seine harmlosesten Flunkereien nicht.

Was übrigens mein Verhältnis zu Walter Ulbricht betrifft, so hatte er mir bereits 1964 die Einreise in den Ostsektor von Berlin als »unerwünscht« verbieten lassen.

Versöhnung über Gräbern
Dieter Hildebrandt

Früher als das sonstige Münchner Kabarettpublikum hatte ich 1955 Dieter Hildebrandt entdeckt, durch puren Zufall, denn ich war eines Faschingstages im Jahre 1955 mit einer Freundin in die »Alte Laterne« in der Schwabinger Leopoldstraße geraten, wo vier junge Studenten für Speis' und Trank brettelten.

Bald erschien der sympathische junge Mann in den Redaktionen der *Süddeutschen Zeitung* und der *Abendzeitung,* um das nächste Programm des Quartetts anzuzeigen. Als ihn die Sekretärin fragte, wie sich das Ensemble denn nenne, druckste Hildebrandt verlegen, sie hätten noch keinen Namen, woraufhin die Sekretärin sie in der Ankündigung forsch als »Die Namenlosen« bezeichnete, unter welchem Namen sie dann ein Jahr lang weiter tingelten, bevor der Stamm – Dieter Hildebrandt und Klaus Peter Schreiner – 1956 als die »Münchner Lach- und Schießgesellschaft« in die Kabarettgeschichte einzogen.

Eigentlich hatte ich Hildebrandt schon früher ab und zu gesehen, als er nämlich anfangs der fünfziger Jahre in dem Kabarett-Theater »Die Kleine Freiheit« als Werkstudent den Besuchern die Eintrittskarten abriß und die Plätze anwies. Er wechselte sich dabei mit einem Kommilitonen namens August Everding ab, der dann freilich nicht zum Top-Kabarettisten auf-, sondern zum Staatsoperintendanten abstieg. Doch dies nur nebenbei.

Mein Enthusiasmus für den Meister des frisch zupackenden Witzes erkaltete allerdings zunehmend, als sich

Dieter Hildebrandt, gesehen von dem Karikaturisten Dieter Hanitzsch.

Hildebrandt mit der »Lach und Schieß« in meinen Augen mehr und mehr zum Hofnarren der Fernsehnation entwickelte, mit seinen immer harmloser werdenden Rundumschlägen auf rechte und linke Positionen und deren Vertreter. So erklärte er beispielsweise 1964 in der *ZEIT*, er würde den CDU-Bundeskanzler Ludwig Erhard der

SPD vorziehen, denn er habe vor einer SPD-Regierung Angst. Warum? »Wegen des DGB, denn das ist das humorloseste Organ, das ich kenne.« Als ob ein »Organ« pauschal Humor haben könnte oder nicht. Im selben Jahre setzten sich dann die Mitglieder der »Lach und Schieß« einem Gesprächsmatch mit den ausgekochten Fraktionsvorsitzenden der vier im Bundestag vertretenen Parteien aus, das sie mit Glanz und Gloria verloren.

Zu Hildebrandts Ehre sei gesagt, daß er sich dieser Fehleinschätzungen wegen noch heute schämt – und daß er zu erkennbaren politischen Standpunkten gefunden hat.

Trotz unseres in der Öffentlichkeit und privat ausgetragenen Streits sind wir nie zu Feinden geworden und begegnen uns heute mit der Freundlichkeit gegenseitigen Vergessens.

Meistens allerdings treffen wir uns bei Gelegenheiten, die wenig Anlaß zu lächelnder Begegnung bieten, nämlich bei Beerdigungen namhafter Kabarettisten wie Ursula Herking (1974), Werner Finck (1978), Sammy Drechsel (1986) und Wolfgang Neuss (1989).

»Bin gespannt«, sagte ich zu ihm bei einer solchen Gelegenheit, »wer schließlich von uns beiden den andern beerdigt.«

Darauf Hildebrandt versöhnlich:

»Also, zu Ihnen komme ich immer gern.«

Böse Zungen – gute Menschen
Hanns Dieter Hüsch

Man soll ja mit der Kennzeichnung guter Menschen als solcher vorsichtig sein, will man nicht der Gefühlsduselei bezichtigt werden. Aber neben Hildebrandt wären als Angehörige dieser Kategorie in der Unterabteilung Kabarettisten noch mindestens Sammy Drechsel und Hanns Dieter Hüsch zu nennen.

Im Gegensatz zu Dieter Hildebrandt (siehe Seite 176) haben die beiden zuletzt Genannten nie mit bösen Anwürfen auf meine zugegebenermaßen ruppigen Angriffe auf ihre satirische Harmlosigkeit reagiert. Selbst als ich in den sechziger Jahren zusammen mit dem einstigen »Pardon«-Verleger Hans Nikel bei dem Chanson-Folklore-Festival auf Burg Waldeck Hüschs Liedervortrag mit Zwischenrufen wie »Aufhören! Unpolitischer Kleinkram!« unterbrach, reagierte er nicht trotzig, sondern versuchte im Gegenteil, politisch Partei zu ergreifen, was dann auch sehr ergreifend ausfiel, weil eine derart knallharte Konfrontation seinem eher indirekt und poetisch zulangenden Wesen nicht lag.

Als ich vor einem gemeinsamen Auftritt in Mainz mit Hüsch, Franz Josef Degenhardt, Dieter Süverkrüp und anderen 68er-Barden in der Halle unseres Hotels mit ihm und seiner Frau zusammensaß und wieder seinen wunden Punkt berührte, erboste sich seine Frau derart über meine relativ mild vorgetragene Kritik, daß eine handgreifliche Fortsetzung nicht auszuschließen war. Und was tat Hanns Dieter Hüsch? Er sagte: »Komm, komm, beruhige dich, er hat ja im Grunde recht.«

Der Kabarettist Hanns Dieter Hüsch um 1959, am Beginn seiner Karriere in seinem Mainzer Kabarett »arche nova«.

Der Wind aus meinen Segeln verschwand ebenso abrupt wie der Sturm aus Frau Hüschs Pustewangen, was uns beiden nicht behagte – wohl aber dem lieben, milde lächelnden und es obendrein ernst meinenden Hanns Dieter Hüsch.
Verdammt nochmal…!

Auf der Suche nach dem Wiener Kabarett

Hans Weigel

In meiner Kabarett-Geschichte »Die Muse mit der scharfen Zunge« mußte ich naturgemäß auch die Entwicklung des Genres in den deutschsprachigen Ländern Schweiz und Österreich beschreiben. Im Gegensatz zur Schweiz, dessen Kabarett erst 1934 in der Nachfolge des deutschen Emigrantenkabaretts »Pfeffermühle« erblüht war und von dem mir insonderheit die in München wirkenden Schweizer Kabarettisten Werner Wollenberger, Lukas Ammann, Guido Baumann und Helen Vita erzählten, untermauert mit minutiösen, breit angelegten Veröffentlichungen, gab es entsprechende Quellen über das Wiener Kabarett speziell der dreißiger Jahre noch nicht.

Ich fuhr also 1959 nach Wien, begleitet von Frotzeleien wohlmeinender Freunde, die mir wochenlange Verhandlungen in Kaffeehäusern und Weinbeisln prophezeiten. Überraschenderweise jedoch schaffte ich es innerhalb von vier Tagen. Und das kam so:

Ich besuchte zuerst den damals gefürchteten Theaterkritiker Hans Weigel, der in den dreißiger Jahren selbst für die Wiener Kellerkabaretts geschrieben hatte, und stieß auf einen hilfsbereiten, so gar nicht zum Fürchten wirkenden Fünfzigjährigen, der mir bereitwillig alles erzählte, was er über den Gegenstand wußte. Und das war an sich mehr als genug.

Beim Abschluß des Gespräches gab er mir noch einen Tip: »Geh'n S' doch noch zum Rudolf Weys, der weiß noch mehr, zum Beispiel über das von ihm gegründete Kabarett

›Literatur am Naschmarkt‹. Aber«, fügte er geheimnisvoll hinzu, »sagen S' nicht, daß Sie von mir kommen, wir sind nämlich miteinander verkracht.«

Auch Rudolf Weys gab mir freundlich und ausführlich Auskunft, bis er mir zum Schluß riet:

»Wenn S' noch mehr wissen wollen, geh'n S' am besten zum Hans Weigel.« Pause. »Aber sagen S' ihm net, daß ich Sie zu ihm geschickt habe. Wir sind nämlich miteinander bös.«

»Vernichtung durch Anerkennung und Applaus«
Helmut Qualtinger

Helmut Qualtinger traf ich 1963 in München, als er aufgehört hatte, Kabarett zu machen, Kabarett im engeren Sinne. Damals war er erst 35, und der eigentliche Qualtinger, der Qualtinger ohne das Korsett des Ensemble- und Nummernkabaretts, strebte neuen Ufern zu. Nun schrieb er satirische Stücke – nach seinem Österreich-Schocker »Der Herr Karl« eine böse Persiflage auf den Wiener Ringtheaterverband und die nachfolgende Prozeßfarce unter dem Titel »Alles gerettet«. Derzeit ging er mit den »Letzten Tagen der Menschheit« von Karl Kraus auf Tournee. Es war für ihn die Scheidelinie, an der ich ihm begegnete. Nur, daß wir es beide nicht wußten.

Wir verabredeten uns auf den Nachmittag, da er bis zum Mittag schlief, so sehr laugten ihn die Dutzende von Rollen und Röllchen der gewaltigen Tragödie, die Kraus einem »Marstheater« zugedacht hatte, aus.

»Der Jahn«, sagt er unvermittelt zur Begrüßung, »hat jetzt wie der Hitler seinen Traum wahrgemacht.« Der Jahn? »Na, der mit den Wienerwald-Backhendlstationen, die er in der Bundesrepublik gegründet hat. Grad' hat er die erste in Wien eröffnet – heimgekehrt.«

Er sagt das ohne Bösartigkeit und ohne Freude an der Pointe. Es ist ihm halt so eingefallen zum Auftakt des Gesprächs. Er ist bereit zu reden. »Bitte, was wollen Sie wissen?« Er strotzt vor Kraft, der Kraft dessen, der zu sich gefunden hat.

Ich will wissen, was er sich noch so alles ausgedacht hat, um das Kabarett, das er zwei Jahre zuvor aufgegeben hat,

Ein Kabarettist – und mehr als das: Helmut Qualtinger, der mit seinem »Herrn Karl« und anderen zeitkritischen Stücken ganz Österreich schockierte.

mit anderen Mitteln fortzuführen. Und warum er überhaupt das Kabarett aufgegeben hat.

»Ich habe aufgehört, Kabarett zu machen, als bei der 100. Vorstellung unseres Programms ›Hackl vorm Kreuz‹

im Frühjahr 1961 plötzlich der österreichische Vizekanzler Pittermann auf die Bühne trat und in einem Sketch mitspielte. Das war für mich die Vernichtung durch Anerkennung und Applaus.«

Seitdem suchte er die Behäbigkeit des Publikums in neuen Gewändern und auf neuen Plattformen aufzubrechen. »Nicht aus Opposition um der Opposition willen. Aber es gibt noch genügend Tabus, die noch nicht aufgegriffen worden sind. Die meisten Tabus, die in den landläufigen Kabaretts angeschossen werden, sind ja keine mehr.«

So hatte Qualtinger in der Hoch-Zeit des fernsehgeilen Jubel-Trubel-Heiterkeit-Kabaretts der sechziger Jahre begriffen, daß gespielte Satire tiefer greifen muß als nur an die Lachmuskeln einer entpolitisierten Wirtschaftswundergesellschaft. Es sollten kabarettistische Kabinettstücke daraus werden wie »Die rot-weiß-rote Rasse«, »Drei Viertel ohne Takt« oder »Heimat bist du großer Zwerge«, die alle das von jeher empfundene Leiden großer Österreicher an ihrem Heimatland ausdrückten – ohne Larmoyanz und grober Belferei. Als Höhepunkt hatte er sich schon damals seine Lesungen aus Hitlers »Mein Kampf« vorgenommen, die Selbstentlarvung des größten Verbrechers in der österreichischen – und nicht nur dessen – Geschichte.

Welcher Kontrast! Der schwere Mann wurde federleicht, wenn er sprach. Und der sprach klug, präzise, nichts Überflüssiges. Ein Intellektueller mit dem Spieltrieb und der darstellerischen Phantasie des Wieners. Und mit dem Anti-Wienertum des intelligenten Wieners.

Seinen Blick richtete er damals auch schon auf Rollen des Welttheaters. Zunächst auf Maxwell Andersons

Schauspiel »Anna der tausend Tage«, in dem er den Frauen- und Hendlverzehrer Heinrich VIII. von England verkörpern sollte.

Es ist spät geworden, und zur abendlichen Lesung der »Letzten Tage der Menschheit« muß er sich noch vorbereiten.

Anfang der achtziger Jahre traf ich ihn wieder – in Wien. Wir saßen mit unserem Verleger in einem Weinstüberl. Welch eine Wandlung war mit ihm vorgegangen! Vor mir saß ein schlaff gewordener, fast schon überhöflicher Mann, den das Trinken so ausgelaugt hatte wie einst »Die letzten Tage der Menschheit«. Ein paar Jahre später starb er, noch keine achtundfünzig Jahre alt.

Er liebte Shakespeare. Also: »Wir werden nimmer seinesgleichen sehn.«

BEGEGNUNGEN

Ein Steinadler mit Humor
Claire Waldoff

In München traf man sich wieder. 1948 hatte der Exodus der Berliner von der flexibleren Art begonnen. Und so traf ich hier auch »Knallplätzchen« wieder, eine für ihre explosiven Ausbrüche bekannte ehemalige Kommilitonin von der Humboldt-Universität namens Ingeborg Euler.

Sie jobbte wie ich, hatte aber als sicheren Halt einen Volontär der *Neuen Zeitung* als Freund. Außerdem trat sie für ein warmes Abendessen allabendlich als Nachwuchskabarettistin mit eigenen Texten im »Simpl« auf, den der alte »Simpl«-Wirt Theo Prosel aus dem zerbombten Domizil in der Türkenstraße ans »Platzl« verlagert hatte. Im Publikum saßen allabendlich ihr Freund und ich, was Theo Prosel zu der Bemerkung veranlaßte: »Inge Euler reist mit eigenem Publikum.«

Übertroffen wurde diese Pointe von einem illustren Gast, der eines Abends im »Simpl« auftauchte und jedem als die große Berliner Coupletsängerin Claire Waldoff erkenntlich war. Auch sie hatte es nach München verschlagen; hier trat sie im »Bunten Würfel« auf, und nun besuchte sie den »Simpl«.

Nach der Vorstellung knickste »Knallplätzchen« voller Verehrung vor der großen Kollegin und stotterte, sie würde sie ja so gern im »Bunten Würfel« sehen, aber sie sei eine arme Studentin und ob sie nicht auch »so« in die Vorstellung gehen könnte.

»Also 'ne Freikarte?«, röhrte die Waldoff und blitzte »Knallplätzchen« hinter dem Monokel in ihrem Steinadlergesicht an.

Nach 1945 in Bayern zu Hause: Die große Berliner Couplet-sängerin Claire Waldoff, hier mit einem aus ihrem zerbombten Berliner Heim geretteten Bild ihres Freundes Joachim Ringelnatz.

»Ja, bitte«, stammelte die Bittstellerin. »Und wenn's möglich wäre...«

»Also zwei?«

Inge dachte an ihren Freund und mich und sagte tapfer:

»Könnten es vielleicht unter Umständen möglicherweise auch drei sein?«

Da holte die Waldoff ob solchem vermeintlich verzweifelten Familiensinn tief Luft und fragte:

»Wat denn – mit Kind?«

Aufgeklärt, hat sie dem Freundestrio die drei Freikarten dennoch gewährt. Schmunzelnd, versteht sich.

Eine unerwartete Freundschaft
Spyros Skooras

Es kam der große Zampano nach München, und zwar in Gestalt des Mister Spyros Skooras, der es vom griechischen Hirtenbuben über den New Yorker Hotelpagen zum Boss der mächtigen »Centfox«-Filmgesellschaft in Hollywood gebracht hatte. Ein ehrfürchtiger Münchner Vertreter der Firma versuchte krampfhaft, mich am Hauptbahnhof von dem aus dem D-Zug steigenden Tycoon abzuhalten, um der angesetzten Pressekonferenz nicht durch die Bevorzugung eines einzelnen Journalisten vorzugreifen.

Vergeblich.

Denn in dem augenzwinkernden Einverständnis, das auf Anhieb zwischen Menschen das Stimmen der »Chemie« signalisiert, wehrten der große Boss und der kleine Reporter die Attacken des Münchner »Centfox«-Repräsentanten ab.

Ja, Spyros Skooras legte seinen Arm um meine Schulter, erklärte mich zu seinem »friend« und erzählte mir, auf dem Bahnsteig auf- und abgehend, zum Verdruß seines Vertreters von seinen Plänen. Zum Beispiel davon, daß er, bedrängt von der aufkommenden Fernsehkonkurrenz, nicht nur die Hollywooder Filmstudios für Fernsehproduktionen öffnen, sondern auch Filmpaläste aufkaufen wollte, um dort dem Publikum Fernsehproduktionen vorzuführen, direkt gesendet von den großen TV-Stationen des Landes.

Rührend im Rückblick. Und gewiß hat er meine Freundschaft nicht aus Freundschaft gesucht. Was mich aber trotz aller spekulativen Publicity-Absicht beeindruckte, war die durchaus echte amerikanische Herzlichkeit eines von unten nach ganz oben aufgestiegenen Selfmade-Man.

Eine unvorhergesehene Begegnung
Carl Orff

Durch Godela Orff lernte ich eines Tages unvorhergesehenerweise ihren Vater kennen, den Komponisten Carl Orff. Er war auf einen Sprung in ihre Wohnung gekommen und schon wieder im Aufbruch, als ich an Godelas Tür klingelte. Höfliche gegenseitige Vorstellung, dann sekundenlanges Schweigen; keiner der ungleichen Männer wußte mit dem anderen etwas anzufangen. Mir sagen Opern nichts, zumindest die meisten. Aber Orffs »Bernauerin« hatte bei mir einen tiefen Eindruck hinterlassen, war es doch eher ein Drama, befördert von Musik, und nicht umgekehrt. Endlich fand ich ein paar Worte, die als Entschuldigung für mich und gleichzeitig als Kompliment für ihn gedacht waren – und die, kaum ausgesprochen, mir als völlig danebengegangen erschienen. Ich sagte: »Ihre Musik ist Musik für Unmusikalische, Herr Professor.« Orff schmunzelte unentschieden, dann hängte er sich, um die verunglückte Stimmung zu entspannen, an meiner Anrede auf: »Ach, lassen S' doch den Professor weg, junger Mann«, sagte er. »Es sind schon viel größere Arschlöcher als ich Professor 'wor'n.«

Die Katze aus dem Sack gelassen
Johannes R. Becher

Als literarischer Antipode Bertolt Brechts gehörte Johannes Robert Becher zu den Pionieren des deutschen Expressionismus und wurde zum literarischen Vorzeige-Kommunisten in der DDR. Der Sohn eines Münchner Oberlandesgerichtspräsidenten hatte, wie man sich zuraunte, vor dem Ersten Weltkrieg im expressionistischen Rausch seine Geliebte umgebracht, was aber nie ganz erwiesen worden war. Jedenfalls machte er eine steile Karriere, weniger als Literat denn als Politiker. Als ich ihn 1955 in München bei einer Pressekonferenz im Hause von Mira von Kühlmann-Stumm traf, war er seit einem Jahr Minister für Kultur der DDR. Außerdem hatte er die Nationalhymne der DDR gedichtet, in der er für ein »Deutschland, einig Vaterland« plädierte.

Ganz in diesem Sinne versuchte er nun in München, in dem von Stilmöbeln strotzenden Heim der adligen alten Dame, die später in der Deutschen Friedensunion aktiv war, bei Kaffee und Kuchen aus Meißner Porzellan im Zuge des poststalinistischen »Tauwetters« das versandete deutsch-deutsche Gespräch auf kultureller Ebene wieder in Gang zu bringen.

Johannes R. Becher gab sich ausgesprochen zurückhaltend und konziliant. Sprach von kulturellem Austausch zwischen DDR und BRD, regte gegenseitige Gastspiele zum Beispiel der Münchner Kammerspiele in Ost-Berlin und des Berliner Ensembles in München an, lud westdeutsche Schriftsteller zum IV. Schriftstellerkongreß der DDR ein. Und er ließ, in der Erwartung, daß die zarte

Vom expressionistischen Lyriker zum agitatorischen Zweckdichter: Johannes R. Becher als DDR-Kulturminister mit Bertolt Brecht (siehe Seite 24) 1954 in West-Berlin.

Knüpfung gesellschaftlich-kultureller Bande schließlich zu einem politischen Faktor werden könnte, die mitgebrachte Katze aus dem Sack. Zwischendurch gab er sich sentimentalen Erinnerungen hin: Geboren 1891 in der Heßstraße 5, sei er im Umfeld der Pinakotheken aufgewachsen, habe als Schüler des Max- und Wilhelms-Gymnasiums noch den alten Ibsen um das Maximilianeum herum spazierengehen sehen und sich bei den Wedekind-Aufführungen in den Kammerspielen erhitzt. Fast demütig setzte er sich für eine Wiederannäherung der beiden deutschen Staaten ein.

Ein Jahr zuvor hatte ich ihn in Leipzig bei einer »Programmerklärung des Ministeriums für Kultur über den Aufbau einer Volkskultur in der Deutschen Demokratischen Republik« wesentlich hemdsärmeliger kennengelernt. »Knöpft den Amis ruhig ihre Marschallplan-Dollars ab«, rief er den westdeutschen Besuchern zu, »und arbeitet damit gegen die Wiederbewaffnung!« Da war er bei sich zu Hause gewesen und in seinem Element.

Johannes R. Becher, gewesener Dichter, amtierender Kulturminister, Präsident der Ost-»Akademie der Künste«, Mitglied des Zentralkomitees der SED und Stalinpreisträger, starb am 11. Oktober 1958, vier Jahre nach dem acht Jahre jüngeren Bertolt Brecht, der seinen eigenen Kulturaustausch betrieb, indem er die Beziehungen zu den Münchner Kammerspielen inoffiziell pflegte – einschließlich des privaten Austausches von Zigarren, Kriminalromanen und Münchner Bier zwischen ihm und dem Kammerspiele-Intendant Hans Schweikart (siehe Seite 24).

Im Rausch der Achtundsechziger
Daniel Cohn-Bendit, Horst Mahler und Martin Bangemann

Im Rausch der Achtundsechziger hatte der Feuilletonchef der *Welt*, Helmut de Haas, plötzlich seine linke Herzkammer entdeckt. Und da der Verlag der schicken Hochglanzpostille *twen* sich dem Geschmack der nach links gerutschten Jungleserschaft anpassen wollte, machte er de Haas zum neuen Chefredakteur. Zusammen mit anderen Journalisten, die in der Revolte einen Aufbruch zu neuen deutschen Ufern wähnten, fing ich an, für *twen* zu schreiben. Ich folgte dem Liedermacher und Rechtsanwalt Franz Josef Degenhardt in die Gerichtssäle, wo er, übrigens in der von anderen linken Anwälten verpönten schwarzen Robe, auftrat; fuhr mit vier bildhübschen Models und einem Starfotografen nach Sardinien und schilderte, während sich die Schönen vor idyllischen Hintergründen ablichten ließen, die Trostlosigkeit dieser »Dritten Welt in Europa«, wie der inkompatible Artikel dann hieß – zum Schmunzeln der Kollegen in handfesteren Illustrierten.

Um Innenansichten der »Szene« zu gewinnen, schlug ich vor, deren damalige Protagonisten über ihre Ziele zu interviewen. Dabei stieß ich auf allgemeine Ablehnung. Was, dieses für die Schickeria aufgemotzte Bilderblatt will uns ausschlachten? Kommt nicht in Frage! Was denn, der vorgeblich linke Budzinski soll das machen? Na, ja... Man könnte ja mal vorfühlen...

So rief ich sie der Reihe nach an. Bei manchen gelang es, die meisten lehnten ab. Aber wie? Der Rechtsanwalt Horst Mahler, der bei allen Demonstrationen mit weißem Hemd, Schlips und Kragen mitmarschierte, verwies mich höflich an »meinen Sozius, Herrn Ströbele«, da er »von einer wichtigen Aufgabe zur Zeit unabkömmlich« sei. Im Klartext: Mahler befand sich gerade im Absprung in die Illegalität der Roten-Armee-Fraktion. Wesentlich witziger beschied mich dagegen Daniel Cohn-Bendit. Als ich mich am Telefon meldete: »Hier ist Klaus Budzinski, würden Sie...?«, erwiderte er nur: »Und hier spricht Stalin. Nein!« Und hängte ein.

So wäre der Artikel ziemlich unvollständig geworden, wären da nicht doch einige, vor allem Rechtsanwälte, Verteidiger von APO-Angeklagten, gewesen, die mir bereitwillig Auskunft erteilten. Zum Beispiel Martin Bangemann, damals, 1970, FDP-Landesvorsitzender von Baden-Württemberg. Im Gespräch mit mir »ließ er keinen Zweifel daran, daß er zumindest im Sinne des frühen Marx Sozialist (wenn auch nicht Marxist) ist« (*twen* Nr. 7, Juli 1970, S. 44). Und als ich ihn wie alle anderen APO-Anwälte fragte, wie sich seine übrige Klientel zu seinem Engagement für linke Leute verhalte, sagte er: »Beratung von Industriefirmen, das ist natürlich nicht drin.« Wenige Jahre später sprach er sich als Generalsekretär der Bundes-FDP für den Absprung zur CDU/CSU aus. Und als er EG-Kommissar für gewerbliche Wirtschaft wurde, werden sich die Industriefirmen schon anders besonnen haben, während der »frühe Marx«, gäbe es nicht den späteren, sich im Grabe umdrehte.

Die Frage nach den Grundrechten
Thomas Dehler, Werner Sarstedt und Hellmuth Heye

1963 schlug ich der *Neuen Illustrierten* (als sie sich noch nicht auf Sex spezialisiert hatte) eine Serie über die im Grundgesetz verankerten Grundrechte vor. Ich interviewte zu diesem Zweck die seinerzeit dafür zuständigen Minister und sonstigen Kompetenten, so den damaligen Bundesjustizminister Ewald Bucher (FDP), den damaligen Vizepräsidenten des Bundestags und ehemaligen FDP-Justizminister Thomas Dehler, den damaligen Wehrbeauftragten des Bundestags, den ehemaligen Vize-Admiral Hellmuth Heye sowie den Präsidenten des 5. Strafsenats des Bundesgerichtshofs in Berlin, Professor Werner Sarstedt.

Dabei erklärte mir Thomas Dehler rundheraus, eine soziale Marktwirtschaft sei Unsinn, ein Widerspruch in sich selbst! Entweder Marktwirtschaft oder Sozialstaat! Basta! Ich schrieb eifrig mit. Daß die Serie dann nicht erschien, war für das Image der FDP gewiß von Vorteil. Zumindest damals...

Die nettesten Verfechter der Grundrechte lernte ich in Professor Sarstedt und Admiral Heye kennen. Als ich ihn fragte, wie er es finde, daß die Leute auf die vielfältigen Versuche staatlicherseits, die Grundrechte auszuhebeln, kaum reagierten, holte Sarstedt tief Luft und sagte: »Was verlangen Sie denn von einem Volk, das zweihundert Jahre sich hat mit dem Krückstock regieren lassen?«

Gesprächsweise fragte mich der joviale, humorige Heye, wie denn ich über den Krieg gekommen sei. Ich sagte: »Wegen meiner Abstammung.«

»Nanu?« sagte der Admiral, »wie denn das?«

Ich sagte: »Um den Nazischikanen zu entkommen, hatte ich mich zu Anfang des Krieges freiwillig zur Wehrmacht gemeldet. Aber sie haben mich nicht genommen.«

»Hmh…«

»Und das habe ich dann – entschuldigen Sie, Herr Admiral – nie wieder gemacht.«

Ein schallendes Seemannsgelächter brach los. Heye konnte sich kaum einkriegen vor Vergnügen. »Recht so, junger Freund, das hätte ich auch nicht gemacht! Hahahaha!«

»Zu Befehl, Herr Admiral!«

Hängt die Wäsche weg, die Komödianten kommen!
Carl Heinz Schroth

Bei meiner Eheschließung mit der Tochter des Schauspielers Fritz Rasp im Jahre 1961 fungierten als Trauzeugen das Schauspielerehepaar Carl Heinz Schroth und Karin Jacobsen, die gerade in Berlin mit Rasp Theater spielten. Wie uns Schroth beim Hochzeitsmahl amüsiert erzählte, hätte die junge Standesamtsangestellte bei der Aufnahme seiner Personalien gefragt:

»Was sind Sie bitte von Beruf?«

»Schauspieler.«

Darauf die Angestellte ungläubig:

»Soll ich das wirklich hinschreiben?«

Ein sympathisches Schlitzohr
Lothar-Günther Buchheim

Daß selbst der große Lothar-Günther Buchheim – Kunstsammler, Bestseller-Autor (»Das Boot«, »Die Festung«) – mal klein angefangen hat, versteht sich von selbst. Aber ein Schlitzohr war er bereits damals, wenn auch, wie noch heute, für die, die ihn mögen und ihn nicht nerven, ein sympathisches.

In den fünfziger Jahren fragte mich der damals schon bekannte Dramatiker Herbert Asmodi, ob ich nicht Lust hätte, für den damals noch unbekannten Kleinverleger Buchheim Vorworte zu einigen Cartoon-Büchlein zu schreiben. Buchheim empfing mich in seinem kleinen Häuschen in Feldafing am Starnberger See, und das erste, was mir auffiel, waren unter der Holztreppe zum oberen Stock gestapelte Gemälde. Was das für Bilder seien? »Nur der Blaue Reiter«, sagte Buchheim in seiner Art hämischer Untertreibung. »Um Gotteswillen, wenn es hier mal brennt!« sagte ich.

Buchheim zuckte die Achseln. »Woanders habe ich hier keinen Platz.«

Inzwischen bewohnt er – ebenfalls in Feldafing – ein großes Haus mit viel, viel Platz für seine Sammlungen, auch afrikanischer Stücke, und hat sich vom bayerischen Staat ein Museum bauen lassen, ist Millionär und weltberühmt.

Ein schwarzer Hund, kniehoch, wedelte zur Begrüßung mit dem Schwanz und fand mein ganzes Entzücken. »Die

Kunstsammler, Bestsellerautor und gescheiterter Pudelzüchter: Lothar-Günther Buchheim.

ist trächtig, morgen oder übermorgen ist es soweit.« – »Ach, Herr Buchheim, könnten Sie mir vielleicht eines der Jungen schenken?« fragte ich. »Schenken?« fragte Buchheim mit drohendem Nachdruck. »Das werden rassereine Pudel, da kriege ich für das Stück 250 Mark. Wenn Sie die zahlen können – bitte.«

Ich hatte das Geld nicht und fuhr etwas verstört nach München zurück.

Zwei Monate später klingelt es bei mir. Draußen steht Buchheim, mit Joppe und Schiebermütze, so, wie er wöchentlich zum Großmarkt zu fahren pflegte, um en gros einzukaufen, zeigt auf seinen Kleinwagen, in dem es schwarz wimmelt, und sagt: »Nun können Sie sie alle haben – umsonst!« »Was soll ich mit sechs Pudelwelpen – und wieso auf einmal umsonst?« fragte ich unter Schniefen und Husten, denn ich hatte die Grippe. »Ist mir egal. Da ist der Mischlingsrüde vom Nachbarn drüber gegangen und hat alles verdorben. Wenn Sie sie nicht nehmen, ersäufe ich den ganzen Wurf im Starnberger See.«

»Um Gotteswillen – nein!« schrie der Hundefreund in mir auf. Und so nahm ich ihm das halbe Dutzend quiekender und wedelnder Pudelkinder ab und brachte sie in der Küche meiner Untermietwohnung unter. Mit 40 Grad Fieber ziemlich inaktiv im Bett liegend, während die Hundchen an die Küchenwände pinkelten und das Linoleum vollmachten, rief ich reihum alle in Frage kommenden Freunde und Bekannte an, ob sie nicht einen süßen, tapsigen, kleinen Pudel oder auch mehrere haben wollten, eine besonders kleine und anspruchslose Rasse.

Kurzum: Mit viel Mühe, Zeit und Überredungskunst sowie unter nachdrücklichem Hinweis auf meinen Zustand und die daraus sich ergebende Möglichkeit der Verwahrlosung der Tiere konnte ich sie alle unterbringen. Nur von einem erfuhr ich später sein weiteres Schicksal, als die Frau des Karikaturisten Henry Meyer-Brockmann mich eines Tages besuchte, an der Leine ein hüfthohes Kalb von einem Pudelmischling. Alle anderen der beglückten Freunde und Bekannten haben sich nie wieder bei mir gemeldet. Da wußte ich, daß ein Mann wie Buchheim es nochmal zu etwas ganz Großem bringen konnte.

Wer hat die Tauben im Park vergiftet?
Georg Kreisler

Als der Kabarettist Georg Kreisler 1955 aus der amerikanischen Emigration nach Wien zurückkehrte, wurde er schlagartig durch ein Chanson bekannt: »Gehn ma Tauben vergiften im Park«. Gut gemacht, mit makabren Pointen in jeder Zeile gespickt und mit kontrastfreudiger Infamie im Walzerrhythmus gehalten, begeistert es bis heute ganze Generationen von Freunden des schwarzen Humors – ja, es wurde zu Georg Kreislers Markenzeichen.

Erste Zweifel an Kreislers Autorschaft befielen solche Freunde des Kabaretts, die zu der Zeit, als Kreisler noch in New York lebte, also Anfang der fünfziger Jahre, in den einschlägigen New Yorker Bars den Entertainer Tom Lehrer, einen Chansons schreibenden und singenden Mathematikprofessor, gehört hatten und sich an dessen Glanzstück erinnerten, den Song »Poisoning Pigeons in the Park«. Fast der gleiche Inhalt, fast die gleiche tückisch-walzerselige Musik. Auch Kreislers frühes Chanson »Die Hand« ähnelt fatal einem Song gleichen Titels von Tom Lehrer, sowohl im Text wie im Typus der Musik. Ja, diese Ähnlichkeiten wurden 1957 sogar in der angesehenen Kulturzeitschrift *Der Monat* angesprochen.

Als ich 1982 meine zweite Geschichte des Kabaretts »Pfeffer ins Getriebe« schrieb, hörte ich mir beide Lieder hintereinander an und fand die Ähnlichkeiten, ja partiellen Übereinstimmungen ebenso verblüffend. Als Bewunderer von Kreislers Kunst, der ich nach wie vor bin, formulierte ich die betreffende Stelle in meinem Buch vorsichtig so:

Schwarzer Humor mit weißer Weste auf schwarz-weißen Tasten: Georg Kreisler.

»Sein makabres Chanson vom ›Taubenvergiften im Park‹, wiewohl seinem geistigen und kompositorischen Lehrer Tom Lehrer nachempfunden, entspricht in der Seelenlage durchaus seinem wiengebeugten Naturell.«

Und schickte ihm, den ich seit langem persönlich kannte, arglos ein Exemplar meines Buches.

Damit muß ich Kreisler mitten ins Herz getroffen haben. In einem Brief vom 1. Mai 1982 warf er mir Verleumdung vor und suchte zu beweisen, daß er Tom Lehrer nie zuvor gehört habe, ja er unterstellte sogar die Möglichkeit, daß Lehrer von ihm »abgekupfert« habe. In seinem Erinnerungsbuch »Die alten bösen Lieder« von 1989 bezichtigte Kreisler mich der Unwahrheit und der Sensationsmache, wobei er im selben Atemzug der angesehenen Wiener Schriftstellerin Hilde Spiel, der die Ähnlichkeiten der Chansons ebenfalls aufgefallen waren, die gleiche Verleumdung vorwarf. Auch als ich ihm nachweisen konnte, daß er, der bis 1955 in New Yorker Nachtclubs aufgetreten ist, zeitlich und geographisch durchaus die Möglichkeit gehabt hätte, Tom Lehrer in einem ebensolchen Club zu hören (Tom Lehrers Platten enthalten als Copyright-Vermerke die Jahreszahlen 1953, 1954, 1958 und 1959), hielt er an seiner Unschuldsbeteuerung fest. Ein typischer Fall von Verdrängung. (Nicht zufällig praktizierte Sigmund Freud in Wien.)

Auch als ich ihm schrieb, daß ein solches Nachempfinden ihn, dessen Hunderte von völlig eigenständigen Liedern in ihrer Originalität in der heutigen Kabarettszene ihresgleichen suchten, und an Brechts freimütiges Bekenntnis zu seinen »Versionen« von François Villons Chansons in seiner »Dreigroschenoper« erinnerte, gab er sich unversöhnlich. Dabei hatte ich nie von »Plagiaten« geschrieben, und auch mein Kollege, der Kabaretthistoriker Heinz Greul, hatte sich in seiner Kabarettgeschichte »Bretter, die die Zeit bedeuten« von 1967 einer eleganten Formulierung bedient, die da lautete:

»… Kreisler … dessen ironisches Frühlingslied vom ›Taubenvergiften im Park‹ man mit Lehrers ›Poisoning

Pigeons in the Park‹ übersetzen könnte – beziehungsweise umgekehrt natürlich...«

Als Tom Lehrer Ende der sechziger Jahre mit seinen Liedern im Westdeutschen Hörfunk gastierte, sagte er zwischendurch: »Ich danke Herrn Georg Kreisler für die Verbreitung meiner Lieder in Deutschland.« Selbst diese Pointe zu überpointieren, scheute sich Georg Kreisler in seinem Erinnerungsbuch nicht. Er schrieb: »Welche ›Lieder‹ Herr Lehrer meinte, außer ›Taubenvergiften‹, blieb übrigens sein Geheimnis.« Das Lied »Die Hand« jedenfalls singt Georg Kreisler seitdem nicht mehr.

Als ich Kreisler Ende der achtziger Jahre bei der Verleihung des Fred-Jay-Preises der GEMA an Rio Reiser wiedertraf und ihn fragte, ob er denn noch mit mir rede, sagte er, etwas gequält: »Mit Ihnen – ja. Aber mit Gerhard Bronner nicht.«

Der nämlich hatte unumwunden von Plagiat gesprochen. Glück muß man haben...

Mit gesträubter Feder
Robert Neumann

Der britische Grandseigneur empfing mich im Hotel »Schottenhamel«. Was aber auf den ersten Blick nach schwer erträglicher Leutseligkeit aussah, entpuppte sich im Gespräch als unverstellte geistige und menschliche Souveränität. Dennoch war der Herr kein Brite, sondern von Geburt Wiener, und hatte es zu einem bedeutenden Schriftsteller seiner Zeit gebracht, was ihm der Internationale PEN-Club mit der Vizepräsidentschaft lohnte und viele tausend Leser seiner zeit- und gesellschaftskritischen Romane in aller Welt mit ihrer Aufmerksamkeit.

Nur, daß er das Pech hatte, wirklich berühmt zu werden als Parodist anderer Schriftsteller. Die Rede ist von Robert Neumann und seinen Literaturparodien »Mit fremden Federn« und »Unter falscher Flagge«.

Das kam so: Nach wechselvollem Leben und Erleben und erfolglosem Kurzgeschichtenschreiben hatte der Dreißigjährige 1927 rein spielerisch einige seiner berühmten literarischen Zeitgenossen aufs Korn genommen. So war er »Unter falscher Flagge« mit Rückenwind in die deutsche Literatur hineingesegelt.

Und so hatte er auf Betreiben seines Verlegers Kurt Desch, der Neumanns Romane (u.a. »Der Tatbestand oder Der gute Glaube der Deutschen«, »An den Wassern von Babylon«) nicht sonderlich reißend loswurde, einen neuen Parodienband unter dem Titel »2 x 2 = 5« zusammengestellt. Und keiner der Großen ist ihm ausgekommen, weder Brecht noch Jünger, weder Koestler noch Norman Mailer, weder Ilja Ehrenburg noch Ernst von Salomon, weder Hans Grimm noch Hans Hellmut Kirst.

Klar, daß er sich dazu auch in die deutsche Nachkriegsliteratur vergraben mußte. Daraus las er nun in privatem Kreise in München.

In unserem Gespräch verriet er mir bereitwillig Möglichkeiten und Unmöglichkeiten von Parodien: Er mache sich bei der Lektüre immer mit der linken Hand Notizen. »Parodieren«, sagte er, »kann man im Grunde nur die Mittelschicht zwischen sehr gut und sehr schlecht. Goethes ›Über allen Gipfeln ist Ruh‹ läßt sich ebensowenig parodieren wie Conrad Muschlers ›Die Unbekannte aus der Seine‹«. Weshalb er Goethe ganz heraus- und Muschler mit Eigenem zu Worte kommen ließ, »welches mehr aufschreien läßt als die schönste Parodie«.

Eine seiner besten Parodien sei ihm auf Ernst Jünger gelungen, »denn da ist Form. Und wo Form ist, kann man auch parodieren. Was aber kann man mit einem Brei machen?« Um mit Machiavelli zu sprechen: »Sag, was er sagt. Aus seinem eigenen Munde laß ihn sich verdammen.«

Eine letzte Frage mußte ich einfach noch loswerden: »Hat Sie einer mal selber parodiert?«

Die Antwort kam so schmunzelnd wie verblüffend: »Ja, ich.«

»Wie das?«

»Es ist bei dem Versuch geblieben. Ich hatte dabei das Gefühl einer ungeheuren Grausamkeit gegen mich selbst. Bis mir Freunde sagten: ›Du bist viel zu süß und sentimental gegen dich.‹ Dafür hat mich Friedrich Torberg parodiert, und das habe ich in den ersten Band meiner Parodien aufgenommen.«

Und Neumann fügte hinzu:

»Man ist ja auch entsetzt, wenn man zum erstenmal

seine Stimme vom Tonband hört. Wir leben halt alle auf der Basis einer gewissen Selbstillusion und Lebenslüge und machen uns ein durchaus anderes Bild von uns selbst, als andere es tun.«

Als literarischer Parodist unerreicht: Robert Neumann.

»Daß man d'Füß' net sieht«
Therese Giehse

Mit der großen Therese Giehse hatte ich ein paar kurze, karge Gespräche; sie liebte keine Floskeln, keine Umschweife, sie sagte, wie der Münchner sagt, »wie's is«. Ein Interview habe ich nie offiziell mit ihr gemacht, da hätte sie gewiß wie zu ihrer Biographin Monika Sperr gesagt: »Ich hab nichts zum Sagen«, aus welcher Feststellung die Sperr dann allerdings in langen Gesprächen mit ihr ein ganzes Buch gemacht hat.

Zwei »Begegnungen« jedoch zeugen von der Offenheit der privaten und der schauspielerischen Präzision der Theater-Giehse. Als ich 1972 auf Bitten der Gewerkschaften prominente Theaterleute um ihre Meinung zur paritätischen Mitbestimmung in Industriebetrieben befragte, erklärte mir die Giehse ganz im Gegensatz zu vielen anderen, die sich nicht öffentlich festlegen wollten, rundheraus, daß sie dafür sei, weil die Demokratie nicht an den Betriebstoren enden dürfte.

Privat gab sie dann drastisch ihrer Meinung über die Münchner Schickeria Ausdruck. Über die Erbin eines großen Zeitungsverlags etwa sagte sie: »Des kann i Eahna ja sagen: Die ist mir zum Kotzen. Wenn ich die anschaue, wird's mir übel. Wenn die so durchs Foyer rauscht – entsetzlich! Dieses dumme Gesicht von der, nicht wahr…« Ihr allgemeiner Pessimismus über die politische Entwicklung spitzte sich letztlich auf »dieses Scheißtheater« zu, wobei offenblieb, ob sie damit ein bestimmtes Bühneninstitut meinte. Jedenfalls war sie Ende 1970 von den Münchner Kammerspielen an die damals noch in den An-

»Ich kann nur was sprechen, von dem ich weiß, was es ist!«: Die Schauspielerin Therese Giehse bei einer Brecht-Lesung.

fängen steckende Berliner »Schaubühne« gegangen. Dann: »Und diesen Herrn Bürgermeister V., den möcht ich mal zusammen fotografieren mit der Dame von der Zeitung, des müßt' a schönes Bild geben!«

1966 hatte ich mit der Giehse, der Kabarettistin Ingrid Ohlenschläger und den Schauspielern Hans Clarin, Hanns Ernst Jäger, Hans Korte und Heinz Schubert an den Münchner Kammerspielen eine Matinee mit Texten und Chansons von Kurt Tucholsky arrangiert. Zur Durchsprechprobe kam einzig pünktlich – besser: überpünktlich – die Giehse. (Die anderen kamen zwei bis vier Minuten später, für Theaterverhältnisse also »pünktlich«.)

Sie las ihren Text, stockte bei dem Wort »Konsistenz« und fragte mich, was das zu bedeuten habe. Ich sagte, ich wüßte es nicht genau. Vielleicht etwas kompakt Zusammenhängendes – oder so. Darauf sie: »›Oder so‹ reicht mir nicht. Schau'n Sie's doch bitte im Lexikon nach. Ich kann nur was sprechen, von dem ich weiß, was es ist.« Zu Hause sah ich im Lexikon nach und las: »Strenger gedanklicher Zusammenhang.«

Auf ihre Anordnung hin mußte von dem Tisch, an dem die sechs Vortragenden saßen, ein Tischtuch bis auf die Erde herabhängen. Ihre Erklärung: »Daß man die Füß' nicht sieht. Denn das ist eine komische Sache, wenn einer liest, was er dann mit den Füßen treibt. Das mit die Füß' ist mir sehr wichtig.«

Dennoch: Mit »die Füß'« hätte sie lieber etwas anderes getrieben, nämlich herumlaufen. »I kann halt net zwei Stunden ruhig sitzen, ich muß mich bewegen, umanandlaufen, agieren. Aber weil's Sie sind«, fügte sie verschmitzt hinzu, »halt i meine Füß' halt ruhig...«

»Danke, gnädige Frau.«

»Muaß i ja bei meine Brecht-Lesungen auch...«

Erleichterter Seufzer meinerseits.

Audienz beim »roten Prinzen«
Prinz Louis Ferdinand von Preussen

Paula Stuck von Reznicek war in den zwanziger Jahren eine bekannte Tennisspielerin mit Beziehungen zu höchsten, aber auch zu weniger hohen Kreisen gewesen. Noch nach dem Zweiten Weltkrieg schrieb sie Klatschgeschichten aus der Gesellschaft, weshalb sie das kannte, was man »Gott und die Welt« zu nennen pflegt. Nächst Gott kannte sie auch den Chef des Hauses Hohenzollern, Prinz Louis Ferdinand von Preußen.

Der und sein 1806 gegen Napoleon gefallener Vorfahr und Vornamensvetter, beide liberale Musensöhne, waren die einzigen Hohenzollern, die mich interessierten. Also nahm ich Paulas Angebot an, sie bei ihrem Besuch des gerade in München weilenden Prinzen Louis Ferdinand im Hotel »Vier Jahreszeiten« ganz inoffiziell zu begleiten.

Aus seiner Biographie »The Rebel Prince« wußte ich, daß er sich frühzeitig von seiner monarchischen Herkunft emanzipiert hatte, nach Amerika gegangen war, dort bei Ford am Fließband gewerkt hatte und mit Präsident Roosevelt bekannt war. Nun erfuhr ich von Paula Stuck, daß er ihr, falls er jemals deutscher Kaiser werden würde, die Würde einer »Reichsgletscherspalte« in Aussicht gestellt hätte. Und noch ein Geheimnis vertraute sie mir an: Als der am 9. November 1907 geborene Kaiserenkel elf Jahre später die Geburtstagsglückwünsche seiner Mutter erwartete, diese aber händeringend in die Gemächer des Jungen gestürmt kam und ausrief: »Weißt du, was passiert ist? Großpapa hat abgedankt!«, habe er aufseufzend ge-

Kaiserenkel und unkaiserlicher Freund der Musen: Prinz Louis Ferdinand von Preußen.

antwortet: »Na, Gott sei dank! Da brauch' ich nicht auf die Scheiß-Kadettenanstalt in Plön!«

Nun saß ich dem mißratenen Sohn, der nach dem Tode seines Vaters, des Kronprinzen Wilhelm, kurz zuvor Chef der Dynastie geworden war, in seinem Hotelzimmer gegenüber, einem gelockert würdevollen Herrn ohne jegliche Aristokratenallüre. Paula Stuck brach das Eis: Ich sei kein Revolverjournalist, wenn auch nicht gerade monarchistisch gesinnt. Da lächelte der Prinz zum erstenmal, meinte weltgewandt, es gäbe Schlimmeres. Und als ich ihn fragte, ob er irgendein Regierungsamt anstrebe, wenn nicht als Kaiser, so doch vielleicht als Bundespräsident, sagte er zögernd: »Nun, wenn mein Volk mich ruft – nicht umsonst stand ich dem Widerstandskreis des 20. Juli nahe. Aber«, fügte er, meine peinliche Berührtheit ob des »mein Volk« spürend, hinzu und lächelte wieder, »wenn ich auch heute den Sozialdemokraten nahestehe, so können die ja leider nicht vergessen, was mein Großvater ihnen angetan hat.«

»Darf ich das schreiben?«

Der Prinz räusperte sich: »Lieber nicht«, um dann in den angeborenen Berliner Tonfall zu verfallen: »Sonst kommen mir noch die ganzen Bundesfürsten auf den Kopf.«

Deshalb war er also nach München gekommen: Um die Chefs der anderen ehemals regierenden deutschen Häuser zu treffen – eine groteske Zusammenkunft, deren leichte Absurdität ihm bestimmt bewußt gewesen ist. Und da sowohl Louis Ferdinand wie Paula Stuck inzwischen verstorben sind, kann ich diese kleine Episode guten Gewissens enthüllen. (Sofern die überlebenden »Bundesfürsten« es mir verzeihen.)

Des »Führers« deutsches Frauenideal
Camilla Spira

Sie war immer noch blond, hatte noch immer dieses offene, runde Jungmädchengesicht, obwohl sie langsam – und, wie es mir schien, sehr langsam – auf die achtzig zuging. Ich suchte Camilla Spira in ihrem Landhaus im bayerischen Stil nahe Murnau in Oberbayern auf.

Sie sah so »deutsch« im besten Sinne aus, daß fünfzig Jahre zuvor jener Hitler mit dem untrüglichen Instinkt für arische Menschen sie zum »Idealbild einer deutschen Frau« erklärt hatte, das er in ihren Filmen vor 1933 glaubte erkannt zu haben. Noch 1933 durfte sie sich nach der Premiere des nationalbetonten Films »Morgenrot« mit Rudolf Forster und Adele Sandrock im Ufa-Palast am Zoo verbeugen, dann wurde sie »unerwünscht«. Warum? Es hatte sich herausgestellt, daß ihr Vater Jude war.

Camilla Spira wanderte aus, zuerst nach Wien, nach dem »Anschluß« weiter in die Niederlande. Dort wurde sie nach dem Einmarsch der Nazitruppen in das SS-Durchgangslager Westerbork gebracht, von dem aus die Transporte der niederländischen und deutschen Juden in die östlichen Vernichtungslager abgingen. Da der Lagerkommandant ein Theaternarr war und die einstmals beliebtesten Berliner Schauspieler und Kabarettisten fast vollzählig dort versammelt waren, würde reichlich Theater und Kabarett gespielt. Als Medizin gegen die Angst und zur Ablenkung von der Lagerwirklichkeit.

Und die blonde Camilla durfte im Dirndlkostüm des Salzkammerguts und vor naturgetreu gemalten Kulissen

»Rößl«-Wirtin im »Weißen Rößl« 1930 in Berlin und 1942 im SS-Durchgangslager Westerbork in Holland: Camilla Spira (im Bild zweite von rechts, daneben links Max Hansen als Oberkellner Leopold sowie ganz links außen Paul Hörbiger als Kaiser Franz Joseph in der Erik-Charell-Inszenierung von 1930 in Berlin).

ihre Rolle als Rößl-Wirtin im »Weißen Rößl« von 1930 spielen und singen.

»Wie konnten Sie das vor dieser realen Elendskulisse?« fragte ich sie. »Noch dazu auf einer Bühne, die aus dem Holz der Amsterdamer Synagoge gezimmert war?«

Sie sah mich ein wenig verständnislos an.

»Das war reine Überlebenstaktik. Solange wir Theater spielen konnten, waren Angst und Sorgen wie weggeblasen. Außerdem bildeten wir uns ein, daß wir dann als unentbehrlich für die Ablenkungstaktik der Lagerleitung von den nächsten Transporten verschont bleiben würden, vielleicht bis zum Kriegsende.«

»Und wie reagierte Ihr Publikum?«

»Die gingen derart begeistert mit, daß sie vollkommen vergaßen, wo sie waren. Und dabei waren das alles Menschen, die wußten, daß sie am nächsten Morgen weitertransportiert werden würden. Die meisten kamen aus dem holländischen KZ Amersfoort, wo man ihnen alle Kleider weggenommen hatte. Die saßen da vor uns in Lumpen – und klatschten begeistert Beifall.«

»Haben die denn nicht gewußt, was ihnen bevorsteht?«

»Nein, das glaubte in Westerbork keiner. Wir hielten die Gerüchte darüber für Feindpropaganda. Wir glaubten, vielleicht bringen sie uns nach Deutschland zum Arbeiten, zur Schwerarbeit. Und mein Mann hat gesagt: ›Ach, das werden wir schon durchhalten. Wir haben den Ersten Weltkrieg durchgestanden, dann werden wir auch das schaffen.‹«

»Und es hat wirklich keiner geglaubt, daß es in den Tod ging?«

»Nein. Stellen Sie sich vor, wir bekamen ab und zu Kassiber hereingeschmuggelt, die besagten, daß wir alle in Auschwitz vergast werden würden. Keiner hat das geglaubt. Ja, eine Kollegin, die Auschwitz überlebt hat wie ich Westerbork, hat mir nachher erzählt: Wie ihr Waggon langsam auf das Tor in Auschwitz zurollte, hätten Häftlinge, die an der Strecke mit Gleisausbesserungen beschäftigt waren, zu ihnen die Geste des Halsabschneidens gemacht, – so –« Und sie führte die flache Hand an ihrer Kehle vorbei. »Und selbst da hätten sie es nicht geglaubt. Nicht glauben wollen.«

Ich schwieg. Ich dachte an die nichtjüdischen Deutschen, die es nach dem Krieg auch nicht hatten wahrhaben wollen. Und bekam den Verdacht, daß beide – Juden und »Arier« – damit den gleichen Verdrängungsmechanismus betätigt hatten, aus diametral entgegengesetzten Motiven heraus, aber immerhin. Camilla Spiras Augen wurden feucht. Als hätte sie meine Gedanken erraten, setzte sie hinzu:

»Das ist ja ein solches Zeichen der menschlichen Natur, die immer bereit ist zu vergessen, zu hoffen. Im Gegensatz zum Tier. Wenn das schlecht behandelt wird, dreht es sich zur Wand und will sterben. Aber der Mensch lebt und hofft. Das heißt, er lebt so lange, wie er hofft.«

Ich ließ meinen Notizblock sinken. Was sollte ich sie noch fragen? Was ihre Pläne waren? Welche Rollen auf sie warteten? Ich wußte, es waren viele, noch immer. Im Film. Im Fernsehen. Auf der Bühne. Vielleicht, wenn ich nochmal wiederkomme...

»Ich danke Ihnen, gnädige Frau.«

Sie kam von weit her. »Wie bitte? Ach so, ja. Bitte. Gern geschehen...«

Der Ruhm der Frauen
Lale Andersen, Leni Riefenstahl, Maria Fein, Maria Becker

Frauen, die den Ruhm, wenn auch nur scheinbar, hinter sich haben, werden damit je nach ihrem Naturell fertig oder nicht. Wenn man als Reporter zum Interview mit berühmten Frauen geschickt wird, stehen diese selten auf dem Höhepunkt ihrer Karrieren.

Auf der schiefen Ebene vom Gipfel zum Abstieg traf ich Frauen, denen es, wie Lale Andersen, egal, oder, wie Maria Fein, nicht bewußt war. Und dann gab es noch eine, die so wenig an ihren scheinbar offenkundigen Abstieg glauben wollte, daß sie ihn in einen Wiederaufstieg in ungeahnte Höhen verwandelte: Leni Riefenstahl.

Wer in den fünfziger und sechziger Jahren in München eintraf, mußte unter der Rubrik »In München trafen ein« auf Teufel komm raus interviewt werden.

Lale Andersen wirkte auf mich wie das ewig Mädchen gebliebene Töchterchen des Cuxhavener Kapitäns, der eigentlich gar kein solcher gewesen war: blond, heiter, mit der Sehnsucht nach dem weiten Meer und der großen Liebe, die da draußen irgendwo ihrer harrte. Oder: Ein Fräulein, das noch immer »unter der Laterne vor dem großen Tor« auf ihren Liebsten wartete, nachdem Marlene Dietrich ihr diesen Weltschlager längst ausgespannt hatte.

Der Liebste wohnte auch nicht am anderen Ende des Meeres, sondern am anderen Ende der Nord-Alpen, in der Schweiz. Es war der Komponist Rolf Liebermann,

Lale Andersen singt ihren Weltschlager von der »Lili Marleen«, den ihr später Marlene Dietrich »ausspannte«.

den sie in seinem Exil heimlich besucht und dafür vielfältige Nachstellungen der Nazis auf sich genommen hatte.

Wir plauderten – worüber sonst? – über ihre Pläne. Sie hatte viele, die auf ihrer Linie lagen: Lieder von der See und dem Heimweh. Große Bühnenrollen strebte sie nicht an. Und so war sie auf ihre Art eine Einheit von Mensch und Künstler.

Als ich sie zu einer Tasse Kaffee im damaligen Opern-Espresso in der Maximilianstraße einlud, sagte sie gern zu. Beim Überqueren der Maximilianstraße wurde sie von einem Auto gestreift. Sie fiel hin, das Auto fuhr weiter. Ich half ihr auf und wollte sie in ihr Hotel zurückbringen, denn sie hatte Schmerzen an der Hüfte. Tapfer lächelnd bestand sie auf der Tasse Kaffee. Das konnte doch eine Seefrau nicht erschüttern!

So schieden wir. Sie schrieb mir noch einmal, dann verloren wir uns aus den Augen. Sie starb, »zu früh«, wie man so sagt, und vielleicht an gebrochenem Herzen.

Ihre große Liebe wurde ungebrochen Intendant der Hamburgischen Staatsoper, dann der Pariser Oper und überlebte die Gleichaltrige um Jahrzehnte. Wer von den beiden das größere Opfer des Nazismus war, mag jeder selbst entscheiden.

Leni Riefenstahl empfing mich 1953 in ihrer Wohnung in der Tengstraße über dem Hotel »Savoy«. In der Tür stand eine Frau mit – wie mir schien – versteinten Gesichtszügen. Wir waren uns auf Anhieb unsympathisch. Zudem stieß mir ihr Opportunismus in der Nazizeit auf, aber da sie nun mal »eingetroffen« war und einen großen Namen hatte, mußte sie ausgefragt werden über ihre Pläne – nicht über ihre Vergangenheit.

Da saß sie nun, eine Frau über fünfzig, und sprach sich selber Mut zu angesichts der Premiere ihres 1942 gedrehten Films »Tiefland«, der demnächst in der Bundesrepublik anlaufen sollte.

Es sollte ihr Comeback werden und wurde ein Flop. Vielleicht auch deshalb, weil sie als Statisten einige Zigeuner aus dem KZ Maxglau bei Salzburg geholt hatte, von deren tödlicher Zukunft sie angeblich nichts gewußt hatte. Offenbar, weil es sie nicht interessierte.

Ich erinnerte mich, wie sie bei der Olympiade 1936, zu der ich, weil mein Vater im Organisationskomittee tätig war, Freikarten hatte, im weißen Hosenanzug mit Blendschirm vor der Stirn ihren Kameraleuten herrschaftlich Anweisungen erteilt hatte, als einzige Frau in der männerbetonten Domäne der Tausendjährigen. Wie war sie seitdem abgefallen: grau, starr, eine »alte Frau«, wie sie dem

Leni Riefenstahl, die »Frau mit versteinten Gesichtszügen«, am Schnittpunkt ihrer Karriere.

halb so alten Interviewer vorkam, ein Fossil, »weg vom Fenster«.

Wenn mir damals jemand gesagt hätte, daß Leni Riefenstahl erst knappe drei Fünftel ihres Lebens hinter sich und eine die Vergangenheit überstrahlende Zukunft vor sich hätte, ich hätte an den Regeln der Biologie und der Psychologie gezweifelt.

Vierzig Jahre später sah ich die Einundneunzigjährige in einem Fernseh-Feature neben ihrem Lebensgefährten, der damals, 1953, kaum älter als zehn gewesen sein kann und durchaus um kein Jahr jünger wirkte als das weibliche Phänomen an Zähigkeit und filmischer Begabung an seiner Seite.

Insofern – aber auch nur insofern – bewundere ich auch einen wie Ernst Jünger.

»Maria Fein ist in München. Da müssen Sie hin!« sagte die Feuilletonchefin der *Abendzeitung*, Dorothea Federschmidt. »Au fein«, sagte ich und ärgerte mich zugleich über den Kalauer. Maria Fein, die große Maria Fein, Max Reinhardts Lady Macbeth, Eboli und Maria Stuart, der Schwarm meiner Eltern und Onkels und Tanten!

Sie erteilte mir Audienz im Hofgarten-Café »Annast«, eine Heroine von unwiderstehlicher Liebenswürdigkeit und königlicher Souveränität. Sie war nach fünfzehnjährigem teils erzwungenem, teils freiwilligem Exil in halb Europa aus der Schweiz zurückgekehrt, voll von Plänen, für die Berliner Festwochen, die Münchner Kammerspiele, für den Rundfunk.

Neben ihr saß ihre Tochter, wortkarg und höflich lauschend. Die Mama erwähnte sie nur einmal. Da hatte sie bei den Internationalen Luzerner Musikwochen in Jean Cocteaus »Machine infernale« mit ihr auf der Bühne gestanden, neben Will Quadflieg als Ödipus. Die Tochter spielte die Sphinx, und so kam sie mir auch vor. Höflich fragte ich nach ihrem Namen. »Maria Becker«, sagte die Sphinx und lächelte sphinxisch.

Drei Jahre später hatte ich den damaligen Schatten der großen Tragödin begriffen, als ich die Becker als sophokleische »Antigone« sah und, in der Rolle der Königin

Elisabeth, als hinreißend bösartigen Widerpart von Marianne Hoppes Maria Stuart. Da stand die Tragödin im modernen Gewande, herber und absoluter als die Mutter in ihrer ausladenden Gestik, die ich freilich nie auf der Bühne gesehen hatte.

Das letzte Mal sah ich Maria Becker Mitte der achtziger Jahre, als sie im Münchner Marstall die »Ansprache der amerikanischen Päpstin« von Esther Vilar spielte und ihr volltönendes Organ mitten in der Vorstellung vor dem auf das Dach trommelnden Jahrhunderthagel kapitulieren mußte.

Eine wahre Tragödie kann eben nur von höherer Gewalt gestoppt werden.

Der tiefere Grund der Mühsal
Erwin Geschonneck

Für meine Hörfunksendung über das makabere Thema »Kabarett im KZ« nahm ich 1984 auch Verbindung zu dem großen DDR-Schauspieler Erwin Geschonneck auf, der als politischer Häftling im KZ Dachau 1943 die Hauptrolle in dem Schauerdrama »Die Blutnacht auf dem Schreckenstein« gespielt hatte, als die Lagerleitung die Häftlinge für die Rüstungsindustrie brauchte und sie deshalb bei Laune halten wollte. Ich schrieb ihm an die Adresse der DDR-Filmakademie, deren Präsident er war, und hegte wenig Hoffnung auf eine Reaktion. Umso erstaunter – und erfreuter – war ich, als er mir umgehend antwortete.

Und zwar schlug er vor, sich meinen Fragen in dem West-Berliner Nobelhotel »Schweizerhof« unweit des Kurfürstendamms zu stellen. In meiner Euphorie rief ich ihn an und erbot mich, ihn, den Endsiebziger, ihm die Strapazen einer Reise ersparend, an Ort und Stelle in Ost-Berlin aufzusuchen. Aber er wollte und wollte sich nicht von seinem wörtlich zu nehmenden Entgegenkommen abbringen lassen, woraufhin wir einen Termin im »Schweizerhof« ausmachten.

Lebhaft erzählte er mir von jener KZ-Vorstellung, wobei er ein paarmal verstohlen auf seine Uhr schaute, was ich dahingehend mißdeutete, daß ich meine Fragen möglichst kurz faßte.

Schnitt.

Kurze Zeit später nahm ich an einem Fernseh-Quiz über Kurt Tucholsky in München teil. Zwischendurch saß ich

Häftling im KZ Dachau und Starschauspieler der DDR: Erwin Geschonneck.

mit den weiteren Kabarett-Experten – den Diseusen Lore Lorentz (West) und Gisela May (Ost) – in der Studio-Kantine zusammen und schwärmte der May von dem Entgegenkommen des großen alten Mannes vor. Woraufhin sie regelrecht einen Lachanfall bekam und in mein Erstaunen hinein sagte:

»Wissen Sie denn auch, warum Erwin so hartnäckig auf dem Gesprächsort West-Berlin bestanden hat?«

»Nein, warum denn?«

»Weil seine Frau jede Gelegenheit zur Ausreise nach West-Berlin nutzt, um am Kurfürstendamm ausgiebig einkaufen zu gehen. Und der Erwin ist eben ein braver Ehemann.«

Dies trug sich wohlgemerkt fünf Jahre vor dem Fall der Berliner Mauer zu. Heute muß Frau Geschonneck nicht mehr zum Einkaufen ins kapitalistische Ausland fahren, weil sie es vor der Haustür hat. Und wenn ihr Mann und ich es noch erleben, treffen wir uns künftig am Alexanderplatz – oder gleich in seiner Wohnung.

Wie sieht ein Existentialist aus?
Jean Cocteau

Empfang im »Blauen Haus«: Der französische Dichter Jean Cocteau 1952 in München.

In dem ehemaligen Hotel »Blaues Haus« in der stillen Fürstenstraße in München residiert längst ein großes Industrieunternehmen. In den fünfziger und sechziger Jahren stiegen dort mit Vorliebe Künstler und Intellektuelle ab. Hier berlinerte mir der Regisseur Heinz Hilpert seine großen Theatervisionen in den Notizblock. Hier kritzelte der Dichter Walter Mehring (siehe Seite 170) seine Briefe mit der Hand auf das kostenlose himmelblaue Hotelpapier, bis er sich eines Tages, lebensmüde von den Qualen des Vergessenseins, umbringen wollte und nur von dem liebenswürdigen Hotelportier davon abgehalten wurde, der ihm sagte: »Schau'n S', Herr Mehring, das würde doch dem Ruf unseres Hauses sehr schaden.«

Hier auch gaben Vertreter der Stadt München und des Freistaats Bayern dem französischen Dichter Jean Cocteau einen Empfang, zu dem auch die Presse eingeladen war. Nach Schluß der Veranstaltung stach mich der Hafer, und ich lud Cocteau zu dem von der *Abendzeitung* in jenem Fasching des Jahres 1952 veranstalteten »Nacht der Existentialisten« ein.

»Oh«, sagte Cocteau, »das ist interessant. Sartre fragt mich nämlich immer: Wie sieht er aus, so ein Existentialist? Nun werde ich ihm schreiben: In München wissen sie es.«

Sympathie lehrt Lernen
KIEM PAULI

Wohl fühlte ich mich einigermaßen bewandert in den Bereichen von Theater, Kabarett und Musical, so daß ich relativ unbefangen ihre Repräsentanten aufsuchen und befragen konnte. Und jetzt sollte ich Urpreuße einen Urbayern anläßlich seines siebzigsten Geburtstages interviewen, noch dazu einen Volkssänger und Volksliedforscher, wo doch das einzige bayerische Volkslied, das ich kannte – »Da drob'n aufm Berg, gleich unter den silbernen Sternen, da weiß ich ein Haus, das wartet auf dich, mein Schatz« – von meinem Münchner Freund Walter Kröpelin vom Bayerischen Rundfunk als das Gegenteil eines echt bayerischen Volksliedes abqualifiziert wurde. Auf meine dergestalt vorgebrachten Einwände antwortete meine Auftraggeberin kühl:

»Gerade, weil Sie ein Preuß' sind und keine Ahnung von unserem bayerischen Volksliedgut haben, sollen sie den Kiem Pauli interviewen.«

»Wen, bitte?«

»Den Kiem Pauli.«

»Kiem – was ist denn das für ein Vorname?«

»Das ist der Nachname, vorgestellt wie beim Weiß Ferdl, der ja auch nicht Ferdl mit Familiennamen hieß.«

So belehrt, fuhr ich nach Wildbad Kreuth.

Über den weiten Anger vor dem Schloß kam mir ein hagerer Mann in Trachtenjoppe und mit einer langen Pfeife in der Hand entgegen. Ein helles Lächeln auf dem Gelehrtengesicht wischte im Nu meine Befangenheit hinweg. Den Mann mußte man gern haben. Dem wird man die dümmsten Fragen stellen können, ohne erröten zu müssen.

»Ein helles Lächeln auf dem Gelehrtengesicht, im Trachtenjanker und mit einer langen Pfeife in der Hand«: Der Kiem Pauli, Sammler und Bewahrer des echten alpenländischen Volksgesangs.

Dabei brauchte ich ihn gar nicht groß auszufragen. Er erzählte von sich aus – von seinen Wanderungen durch das Oberland, um das echte Volkslied aus den noch vorhandenen Quellen, den alten Volkssängern, zu schöpfen, und wie er dann 1930 im Anschluß an das »Erste oberbayerische Preissingen« sein schmales Bändchen von achtzig

Seiten Volksliedern herausgegeben hat. Von seinem Freund, dem Philosophieprofessor Kurt Huber, mit dem er bis 1943 zusammenarbeitete, bis der wegen seiner Kontakte zur »Weißen Rose« hingerichtet wurde. Von den verwandten Singweisen der Bergvölker, daß nämlich nicht nur die Oberbayern und Schweizer jodelten, sondern auch die Schotten und die Himalaya-Bewohner: »Da geht's rauf und runter wie am Berg.«

Ich saß nur da und staunte und lauschte, als ob das alles die lang ersehnte Ergänzung meines Wissens wäre. Und ich begriff, daß es die Persönlichkeit ist, die uns auch noch so fern liegende Begriffswelten erschließt, und sei es auch oft nur für kurze Zeit. Und ich mußte an Walter Mehring denken, der mir einmal erzählt hatte, wie er in New York auf einer Party den großen Albert Einstein gefragt hatte: »Sagen Sie, Herr Professor, können Sie mir mal in kurzen Worten Ihre Relativitätstheorie erklären?« Und wie Einstein sie ihm »in kurzen Worten« erklärte – und er sie in jenem Augenblick verstanden habe. Aber sie nun selber erklären, das könne er nicht.

Seitdem habe ich ein Ohr für das echte Volkslied, weil ich dabei immer an den wundersamen Kiem Pauli denken muß.

Personenregister

Kursiv gedruckte Seitenzahlen verweisen auf Abbildungen

Bildnachweis

Archiv Klaus Budzinski, München: 15, 19, 63, 68, 71, 78, 89, 139, 141, 144, 147, 151, 156, 159, 169, 180, 184, 229.
Archiv Hans Dollinger, Wörthsee: 47, 86, 211.
Bilderdienst Süddeutscher Verlag, München: 33, 37, 45, 51(2), 54, 67, 75, 83, 97, 101, 105, 111, 116, 119, 123, 127, 135, 139, 163, 172, 189, 195, 203, 206, 213, 216, 223, 225, 231, 234.
Bildarchiv Preußischer Kulturbesitz, Berlin: 143.
Rudolf Busler (Copyright Peter M. Busler), München: 41, Umschlagfoto.
Deutsches Kabarettarchiv (Reinhard Hippen), Mainz: 167.
Hans Enzwieser (Copyright Hannelore Enzwieser), München: 109.
Dieter Hanitzsch, München: 177.
Stadtarchiv München/Foto Schödl: 29.
Ullstein Bilderdienst, Berlin: 219.